beck **'sche**
reihe

W0086967

b sr

War Freitag gern Robinsons Sklave? Was lieben wir an Winnetou? Warum kennt sich Tarzan so gut im «Dschungel» aus? Können nur Weiße erröten? Was ist mit der «Bürde des weißen Mannes» gemeint? Begingen Deutsche in Namibia einen Völkermord? Sind Entschädigungsforderungen für Kolonialismus und Sklaverei gerechtfertigt? Wie spreche ich über Rassismus ohne ihn sprachlich zu reproduzieren? Susan Arndt bietet in diesem Buch Einblicke in Geschichte, Gegenwart und Zukunft des Rassismus, in das Wissen, das ihn trägt, und jenes, das ihn hinterfragt.

Susan Arndt ist Professorin für Englische Literaturwissenschaft und anglophone Literaturen an der Universität Bayreuth.

Susan Arndt

Die 101 wichtigsten Fragen:
Rassismus

Verlag C.H. Beck

Originalausgabe

© Verlag C.H.Beck, München 2012
Satz: Fotosatz Amann, Aichstetten
Druck und Bindung: Druckerei C.H.Beck, Nördlingen
Umschlagentwurf: malsyteufel, Willich
Umschlagabbildung: © akg-images/Arthur Rothstein
Printed in Germany
ISBN 978 3 406 63885 5

www.beck.de

Inhalt

III. Rassismus seit der Aufklärung

IV. Rassismus (in) Begriffen

V. Rassismus – Spuren und Auswirkungen

VI. Rassismus – Widerstand, Erinnerung und Aufarbeitung

VII. Rassismus und Migration

VIII. Rassismus – Ein Fazit

Vorwort

Das Thema dieses Buches – Rassismus – hat es in sich. Das beginnt bereits mit der Frage, wie man ein Buch über Rassismus illustrieren könne. Der Verlag entschied sich für ein Coverfoto, das ich nicht haben wollte. Es steht im Widerspruch zu einer zentralen Grundthese dieses Buches, nämlich der, dass die Reproduktion rassistischer Annahmen, Worte, Handlungen, Strategien, in welcher Absicht auch immer, nicht zu rechtfertigen ist.

Das Coverfoto ist von einem *weißen* Blick geprägt, der auch durch den darüber geschriebenen Titel «Rassismus» nicht wirklich gebrochen wird: Es ist 1940 in Birmingham, Alabama, von Arthur Rothstein, einem *weißen* Fotografen, gemacht worden. Die Werbung betrifft ein Kino, in dem Schwarze – und zwar nur am Wochenende – im zweiten Rang sitzen dürfen. Das Filmplakat wirbt für die Liebeskomödie *Ninotchka* von Ernst Lubitsch, produziert 1939. Zu sehen ist in der Hauptrolle Greta Garbo (Abbildung) – vor Marylin Monroe *das* (*weiße*) Schönheitsideal im 20. Jahrhundert schlechthin. Das alles könnten Interessierte schnell herausfinden, sollten sie ein paar Minuten geübt recherchieren wollen. Über den Schwarzen, dem sinnbildlichen Opfer des Rassismus auf diesem Foto, bekomme ich dagegen fast nichts heraus: Er hieß Eddie Mitchell, war jung und arbeitslos – das war es. Wie so oft in der Geschichte des Rassismus steht der *weiße* Blick auf Schwarze im Mittelpunkt, der sich nicht für die Erzählungen, Geschichten und Blicke des Schwarzen interessiert, ja, dessen Interesse am Schwarzen darauf reduziert bleibt, Weißen als Projektionsfläche eigener Fantasien über Schwarze zu dienen. In diesem Fall ist dies sogar offenkundig, denn das Foto ist gestellt; es entstammt einer Serie.

Und was sieht dieser *weiße* Blick? (Lüsterner) Schwarzer blickt auf *weiße* Unschuld, die zu ihrer Sicherheit hinter einer durchsichtigen Mauer geschützt wird. Angesichts des rassistischen Mythos, dass Schwarze Männer sexuell hyperaktiv seien und als solche eine Bedrohung für (*weiße*) Frauen und die von ihnen repräsentierten Nationen darstellen, ist dieser Blick auf seinen Blick nicht ungefährlich – zumal er den Schwarzen zu der Zeit, als das Bild entstand, das Leben hätte kosten können. Denn Rothstein nahm dieses Foto in der Ära der Jim-Crow-Gesetze auf und Birmingham war eine Hochburg des Ku-Klux-Klan; hier hätte Mitchell – was Schwarzen vielfach geschah! – für diesen Blick auf eine Weiße gelyncht werden können; Schwarzen war es sogar untersagt, einer *weißen* Frau die Zigarette anzuzünden, weil es als sexuelle Anzüglichkeit galt!

Warum muss es ein solcher *weißer* Blick auf einen Schwarzen sein, der dem Buch als Ouvertüre dient? Der Verlag zeigte sich sicher, dass der Titel «Rassismus» das Bild ausreichend kontextualisiere und gerade auf diese Weise die Betrachter_innen dazu anrege, sich mit ihrer eigenen Haltung zum Thema Rassismus auseinanderzusetzen. Doch warum muss ein rassistisches Wort auf dem Coverfoto stehen und dadurch verbale Gewalt ausüben? Warum ist ein Schwarzer Mann und kein *weißer* Mann zu sehen, denn letztere haben die rassistischen Schilder geschrieben, aufgehängt und diese Politik auch durchgesetzt – Seite an Seite mit *weißen* Frauen? Warum ist nicht ein Fotodokument des antirassistischen Kampfes als Covergrundlage genommen worden, ein Foto, das die Handelnden dieses Kampfes zeigt? Warum wird ein Motiv aus den USA genommen und nicht aus Deutschland, so als wäre er dort virulenter als hierzulande? Es ließen sich weitere solche Fragen anschließen, auf die letztlich dieses Buch Antworten liefern soll. Insofern bietet das Cover einen vielleicht dann doch produktiven und dennoch zugleich verstörenden Einstieg ins Thema.

Bücher können irritieren, zum Nachdenken anregen, Streit provozieren, Bewährtes hinterfragen, Gewohntes in eine andere Perspektive stellen. Seit vielen Jahren beschäftige ich mich mit Rassismus. Ich begann damit in dem Glauben, längst über Rassismus Bescheid zu wissen und daher, als unbedingte Anti-Rassistin, selbst fern jeglicher rassistischer Tendenzen zu sein. Ich habe viel lernen müssen, aber auch wollen. Das war und ist mit vielen Einsichten, die meine Selbstwahrnehmungen und mein Innerstes heftig erschütterten, verbunden. Wie aufwändig, aufwühlend und fordernd muss es aber für jene sein, die sich quasi von Geburt an Rassismus ausgesetzt sehen, die dies sich und anderen, vor allem jenen, die rassistisch diskriminieren, wieder und wieder erklären müssen und die sich ihm konsequent widersetzen? Bücher, Performances, Musikprojekte und Blogs etwa von Esther Dischereit, Philippa Ebéné, Mutlu Ergün, Kien Nghi Hà, Philipp Khabo Köpsell, Nicola Lauré al-Samarai, Peggy Piesche, Miriam Popal oder Noah Sow kann ich allen nur empfehlen. Von ihnen und vielen anderen People of Color in Europa, Afrika, Asien und Nordamerika habe ich die Lektion gelernt: Rassismus ist nicht irgendein Thema – Rassismus ist allgegenwärtig: in Sprache, Politik, Alltag, Ökonomie, Werbung, Medien, Sport, Musik, Internet, Theater, Literatur, am Arbeitsplatz wie am Postschalter, in Bewerbungsverfahren wie in Gesetzestexten, in den klassischen Texten der Philosophie wie in der aktuellen Historiographie, in der Medizinforschung wie im Naturschutz. Ja, so unglaublich es sich für viele anhören mag, aber es ist wahr: Es gibt keine No-Go-Area, die der Rassismus verschonen würde oder könnte. Gleichzeitig aber nehme ich nur partiell (wenn überhaupt) wahr, dass ich als Weiße viele Privilegien genieße und dass Weißsein zu einem globalen «unmarkierten Marker» (Ruth Frankenberg) geworden ist, der mir den Rücken stärkt – mit Rückenwind aus der Geschichte. Es waren Weiße, die Rassismus erfunden haben und mit ihm die krude Logik, dass sich alles am Weißsein auszurichten und zu orientieren habe, womit dann wiederum Verbrechen, Unterdrückung, Ausbeutung und Kolonialismus gerechtfertigt wurden.

Von vielen Vorträgen, Konferenzen, Debatten, Seminaren, Vorlesungen, ja, auch unzähligen Gesprächen in privaten, freundschaftlichen und familiären Zusammenhängen weiß ich, dass Rassismus dann aufhört, irgendein Thema zu sein, wenn aus dem «die bösen Rassist_innen» (dort drüben, etwa in den USA) ein «wir Weiße» wird, und aus dem «man» ein «ich». Schnell, zu schnell, wird hier oft abgewehrt: Das sei übertrieben oder zu *pc*. Doch vorschnelle Antworten tragen hier nicht weit. Es sind wissensgesättigte Fragen, die dem Rassismus die Stirn bieten: Warum und Wie, Wo und Wann, Wer und Wen sind nicht nur die typischen Fragewörter an historische Quellen, sondern auch Verbindungslinien zwischen vermeintlicher Vergangenheit und Gegenwart und Zukunft.

Dieses Buch stellt sich 101 Fragen, die der Rassismus jedem und jeder von uns aufgibt. Dabei kann ich selbstredend nur einen kleinen Ausschnitt des großen Themas anschneiden. Manche Fragen mögen überraschen, aber die Antworten sollen wenigstens die Vielschichtigkeit des Themas andeuten. Gewiss werden einige Lesende manche Frage, ja, zentrale Fragen vermissen. Davon fallen mir selbst aus historischen Kontexten hunderte ein – aber diese Reihe heißt eben «Die 101 wichtigsten Fragen». Eine Auswahl meiner momentan wichtigsten Fragen bedeutet Verzicht, Einschränkung und immer wieder eine beim Schreiben und Wörterzählen fast unerträglich erscheinende Kürze.

Dieses Buch stellt vieles in Frage, hinterfragt vieles, dekonstruiert und stellt Zusammenhänge her, die den einen absurd, überstrapaziert und merkwürdig, den anderen banal, verkürzt und längst bekannt erscheinen mögen. Das Buch weist Wiederholungen auf – sie sind unumgänglich, weil jede Frage und jede Antwort für sich stehen sollen. Und dennoch baut Frage auf Frage, Antwort auf Antwort auf. Es hätten auch 1001 Fragen und 1001 Antworten sein können – es blieben Ausschnitte und Verkürzungen.

Mein Buch stellt eine Einladung an jene dar, die sich mit Rassismus auseinandersetzen wollen. Ich will exemplarische Denk-, aber auch Verhaltens- und Sprachanstöße bieten. People of Color, die sich mit Rassismus neben ihren Alltagserfahrungen auch theoretisch und historisch beschäftigen, kann ich nichts sagen, was sie nicht ohnehin wüssten, besser wüssten, differenzierter wüssten. Auch vielen anderen, die sich mit Weißsein und Rassismus professionell auseinandersetzen, mag dieses Buch vielleicht zu oberflächlich, zu undifferenziert argumentieren. Aber allen anderen könnte und soll es Anregungen, Denkanstöße, zuweilen auch praktische Hinweise geben, warum etwas so geworden ist, wie sich manches verändern ließe, woher manche Alltäglichkeit kommt. Das Buch ist kein Ratgeber, aber es will anstoßen, irritieren, provozieren, zur Debatte einladen. Mein Buch endet mit einem Satz, den ich hier schon einmal als Credo wiedergebe – mit der Hoffnung, Neugierde geweckt zu haben: Verantwortungsübernahme in Freiheit – das war schon immer die beste Lebenshaltung.

I. Rassismus – Begriffsklärungen

1. Was ist Rassismus? Der Sexualforscher und Publizist Magnus Hirschfeld (1868–1935) verwendete als Erster den Begriff *Rassismus* für eine Lehre, die an die Existenz menschlicher «Rassen» glaubt, in seinem 1933/34 geschriebenen und 1938 veröffentlichten Werk *Racism*, mit dem er die nationalsozialistische «Rassen»-Ideologie widerlegen wollte. In ein breiteres öffentliches Bewusstsein drangen Begriffe wie Rassismus und Genozid in den 1950er Jahren. «Rassentheorien» waren aber nicht erst vom Nationalsozialismus erfunden worden und fanden mit ihm auch kein Ende. Die Ideologie des Rassismus setzt mit der Erfindung menschlicher «Rassen» ein.

Es war ein paneuropäisches Projekt, das seine Anfänge nahm, als Europa Millionen Menschen auf der ganzen Welt enteignete, versklavte und ermordete und dies dadurch zu rechtfertigen suchte, dass es diese Menschen als nicht-*weiß* charakterisierte – als so *anders*, dass es berechtigt erschien, gegenüber Hunderten Gesellschaften auf der ganzen Welt Prinzipien wie Humanismus und Aufklärung, Freiheit und Demokratie, Gerechtigkeit und Gleichheit zuwiderzuhandeln. Was für ein infamer Euphemismus, der im Angesicht dieser barbarischen Gewalt den Mythos von der «Bürde des weißen Mannes» erfand, die Welt zivilisieren zu müssen, und der Lynchmorde als Akt der «Zivilisierung» deklarierte. Hierin zeigt sich aber, dass es dem Rassismus im Kern darum geht, die *weiße* «Rasse» mitsamt dem Christentum, das als dem Weißsein inhärent verstanden wird, als vermeintlich naturgegebene Norm(alität) hinzustellen, um eigene Ansprüche auf Herrschaft, Macht und Privilegien zu legitimieren und zu sichern. Dabei produziert der Rassismus Wissen, das sich ebenso facettenreich wie wirkmächtig in Glaubensgrundsätze, (Sprach)Handlungen und identitäre Muster einschrieb und sich – und zwar unabhängig davon, ob Weiße dies anerkennen oder nicht – die Welt durch adäquate Strukturen passförmig gemacht hat, um sie zu beherrschen.

Im Zentrum der Ideologie des Rassismus steht die Erfindung von körperlichen Unterschieden. Die britische Ethnologin Mary Douglas betont, jedes Sehen des menschlichen Körpers besitze eine soziale Dimension. Das bedeutet, ohne das Verlangen, soziale Hierarchien und Grenzen herzustellen, bestünde nicht das Interesse, körperliche Grenzen zu erfinden. Auch die Erfindung von «Rassen» bedurfte

Grenzziehungen mit Hilfe vermeintlich naturgegebener körperlicher Unterschiede. Dazu wurden aus einer Vielzahl möglicher körperlicher Merkmale einzelne (z. B. «Hautfarbe») herausgenommen und zu Bündeln geschnürt, die vermeintlich naturgegebene Antithesen repräsentieren und angeblich relevante Unterscheidungsmerkmale bilden. Welche Kriterien angelegt werden, um körperliche Unterschiede zu zementieren, folgt keineswegs reiner Willkür. Vielmehr ist die betreffende Logik einem ökonomischen und politischen Machtstreben verpflichtet. Entscheidend ist zudem, dass die so gewählten Unterschiede (und die diesbezüglichen Kriterien) als «natürlich gegebene» Marker der Differenz erklärt werden, wodurch negiert wird, dass sie menschengemacht und historisch geworden sind. Diesen vermeintlich statischen und objektiven körperlichen Unterscheidungsmerkmalen werden dann bestimmte soziale, kulturelle und religiöse Eigenschaften und Verhaltensmuster zugeschrieben. Die auf diese Weise hergestellten Unterschiede werden, wie der Schriftsteller und Rassismusforscher Albert Memmi (geb. 1920) ausführt, verallgemeinert, verabsolutiert, hierarchisiert und als naturgegeben deklariert.

Es lassen sich verschiedene Formen von Rassismus unterscheiden, die aber eine gemeinsame strukturelle und diskursive Schnittmenge aufweisen. Daraus ergibt sich die Notwendigkeit, bei Rassismus zu konkretisieren, wer von wem vor dem Hintergrund welcher historischen und gegenwärtigen Prozesse als «Rasse» erfunden und rassistisch bewertet wurde bzw. wird.

2. Gibt es «Rassen»? Natürlich gibt es «Rassen» – in der Pflanzen- und Tierwelt. Hier versteht man unter «Rassen» Gruppen einer Art, die sich von anderen Gruppen derselben Art durch konstante und vererbbare Merkmale unterscheiden. Im ausgehenden 16. Jahrhundert wurde dieses Klassifikationsmuster erstmalig auf Menschen übertragen.

Zunächst wurde die Idee, dass es menschliche «Rassen» gebe, von einer biologistischen Anordnung von «Hautfarben» als Marker religiöser und kultureller Differenz getragen. Als Weiße im Zuge der Kolonisierung begannen, in anderen als europäischen Klimazonen zu leben und Afrikaner_innen in vormals *weiße* Räume deportiert und dort zwangsangesiedelt wurden, kamen zunehmend Zweifel an den seit der Antike gültigen Klimatheorien und an «Hautfarbe» als alleinigem Träger von «Rassentheorien» auf. Um die Existenz von

«Rassen» nachweisen zu können, nahmen *weiße* Wissenschaftler_innen deshalb immer stärker andere angebliche Merkmale in den Blick.

Dazu vermaßen sie zunächst Körperteile, wie etwa den Schädel oder das Skelett, aber auch Sexualorgane. Noch heute lagern Relikte dieser biologistischen Forschungen in ethnologischen Museen Europas oder auch deutschen Krankenhäusern. Die Vermessung des sichtbaren Körpers, als Methode bis weit ins 19. Jahrhundert hinein anerkannt, führte nicht dazu, dass feststehende «Rassenmerkmale» gefunden werden konnten. Jene Versuchsreihen, die zu bejahenden Erkenntnissen gelangten, weisen methodisch vielerlei Schwächen auf. So erstellte etwa der niederländische Anatom Peter Camper (1722–1789) seine Skala der «Rassen» auf der Grundlage von lediglich sieben Köpfen und verfälschte dabei noch. «Bei der geometrischen Ermittlung des Schädelvolumens der griechischen Apollbüste in frontaler Ansicht», die als Repräsentant der *weißen* Norm fungiert, addierte er, wie dem Kulturwissenschaftler Thomas Becker auffiel, «schlichtweg einige Zentimeter, die wohl eher der Haarpracht Apolls als der Schädelgröße zuzuschreiben waren.»

Als gegen Ende des 19. Jahrhunderts die Zweifel daran wuchsen, «Rassen» über Vermessungen des sichtbaren Körpers nachweisen zu können, setzte ein Paradigmenwechsel innerhalb der «Rassentheorien» ein. Zunehmend konzentrierten sich die Beobachtungstechniken nun auf die unsichtbare Determination durch innere Vererbungsdispositionen anhand von Untersuchungen des Blutes. Man hoffte, «Rassen» genetisch nachweisen zu können. Mit der Hinwendung zur Vererbung innerer Dispositionen kam es zu einem Anstieg identifizierbarer «Rassen» auf mehr als 100. Diese stetig wachsende Anzahl vermeintlicher «Rassen» zeigt letztlich nur eines deutlich: Eindeutige Grenzziehungen lassen sich weder ermitteln noch begründen. Die UNESCO legte bereits 1950 nahe, auf den Begriff «Rasse» zu verzichten. Das Europäische Parlament empfahl Mitte der 1990er Jahre, in amtlichen Dokumenten den Begriff nicht zu verwenden.

«Rassen» gibt es nicht, schreibt die feministische Soziologin Colette Guillaume, aber sie töten Menschen. Denn der Glaube, dass es «Rassen» gebe, der Rassismus also, ist präsent. Das anzuerkennen ist wichtig. Der Literaturwissenschaftler Shankar Raman glaubt daher, dass es notwendig ist, einen Kampf um die Bedeutung von «Rasse» zu führen, sich diesen Begriff aus anti-rassistischer Sicht anzueignen. Deswegen schlägt er eine doppelte Denkbewegung vor, die weg führt von «Rasse» und hin zu *Rasse*. In der geschriebenen Sprache ist es leicht, die doppelte Denkbewegung symbolisch zu unterstützen: Es ist möglich, «Rasse» immer dann in Anführungszeichen zu setzen, wenn vom biologistischen Konstrukt die Rede ist, das keine reale Entsprechung hat – und *Rasse* kursiv zu schreiben, wenn von der sozialen Position die Rede ist, die durch den Rassismus erzeugt wird. In der gesprochenen Sprache ist dies schwerer umzusetzen. Manche sprechen von rassialisierter Position, von einer Position im Rassismus oder einfach von *Rasse* als sozialer Position.

3. Wie viele «Hautfarben» gibt es? Eine für die Geschichte der Menschheit zentrale symbolische Grenzziehung am Körper ist die Erfindung menschlicher «Hautfarben» zur Fundierung der biologistischen Theorie von «menschlichen Rassen».

Natürlich tritt menschliche Haut in unterschiedlichen Farbtönen auf. Aber so wie kein Mensch (äußerlich) einem anderen entspricht, so gibt es auch keine zwei Menschen mit exakt gleicher Hautfarbe. Noch mehr als die Farbe des Haares ist die Farbe der Haut individuell tagtäglichen Schwankungen unterworfen, in Abhängigkeit innerer Erregungszustände, Erkrankungen, Sonneneinwirkung etc. Und weil etwa die Haut von Weißen alle möglichen Nuancierungen zwischen rosa, olive und diversen Beige- und Brauntönen zeigen kann, bedarf es doch einer hohen Abstraktionskunst, Menschen als Weiße zu beschreiben und sie klar zum Beispiel von «Gelben», «Schwarzen» oder «Roten» abzusetzen. Zwar ist die Pigmentierung der Haut ein genetisch übertragbares Merkmal, das sich durchaus in Abhängigkeit von klimatischen Differenzen entwickelt haben mag, auch lassen sich dunkelbraun und rosa kontrastreich voneinander abgrenzen, jedoch gibt es keine Möglichkeit, klar definierbare Grenzen zu ziehen. Natürlich könnte man Menschen so «anordnen», dass ihr Teint immer heller bzw. dunkler wird. Jedoch ist es ein Ding der Unmöglichkeit, eine klar benennbare Trennlinie zu ziehen und einen Farbteint zu benennen, der einen Menschen «gerade noch» bzw. «nicht mehr» *weiß* oder Schwarz sein lässt. Folglich ist es unmöglich, das Spektrum von «Hautfarben» irgendwie in plausibel voneinander abgrenzbare Räume zu verwandeln, geschweige denn, sie konstruierten «Menschenrassen» zuzuschreiben.

Tatsächlich wirft ein solches Unterfangen die Frage nach dem

Sinn oder Unsinn des Projektes «Hautfarbe» auf. Letztlich gibt es ebenso viele «Hautfarben» wie es Nasenformen oder Gesichtskonturen gibt – annähernd unendlich viele. Deswegen mündet die Frage «Wie viele Hautfarben gibt es?» in die Frage: «Warum sehen wir eigentlich Hautfarben?» Wir sehen sie, weil uns beigebracht wurde, «Rassen» zu sehen, und «Hautfarbe» dabei – im Verbund mit anderen körperlichen Konstitutionen sowie kulturellen und religiösen Merkmalen – eine wichtige Rolle zugewiesen wird. Anders ausgedrückt: «Hautfarben» sind *nicht* von Natur aus sichtbar, sondern wir sehen sie, weil Rassismus dieses Sehen erfunden und instrumentalisiert hat. Letztlich ist es pure Ideologie, wenn man versucht, einen kausalen Zusammenhang zwischen der Pigmentierung, anderen körperlichen Konstitutionen und kulturellen und religiösen Merkmalen herzustellen.

Die Erfindung der Grenzen zwischen «Hautfarben», auch in ihrer abstrahierenden Dichotomisierung von «schwarz» und «weiß», und ihre Funktion für kulturelle Alterisierungsprozesse sind seit der Antike angelegt. Insbesondere in der Physiognomie spielt das (Haut) Farbentheorem eine wichtige Rolle. In Mythen wie in philosophischen Schriften wird nach den Ursachen und Implikationen von verschiedenen «Hautfarben» gesucht und dabei meist das Klima als ursächlich verantwortlich skizziert.

Mit dem Erstarken des Christentums erhielten antike «Hautfarbensymboliken» eine neue Bedeutung und Bedeutsamkeit. Weiß wird als schön, rein und tugendsam imaginiert und Schwarz als Farbe des Bösen, des Unheils und der Abwesenheit von Schönheit. Dieses Wissen stand zur Verfügung, als sich das *weiße* Europa im 16. Jahrhundert weltweit fremde Territorien, Reichtümer und Menschen aneignete. Dass hier all den von der Antike über die Renaissance bis zur Aufklärung als genuin europäisch postulierten Grundwerten – nämlich Freiheit, Demokratie, Moral, «Zivilisation» und das Primat menschlicher Würde – widersprochen wurde, war auch damals bereits offenkundig und rief Kritik hervor, wie etwa William Shakespeares *Othello* oder *The Tempest* belegen.

4. Gibt es Gene, die Menschen nach «Rassen» unterscheidbar machen? Wissenschaftler_innen wie Francesco Cavalli-Sforza haben herausgearbeitet, dass es nicht möglich ist, Menschen genetisch nach «Rassen» zu unterscheiden. Die genetischen Unterschiede zwischen zwei Menschen aus Afrika sind durchschnittlich mindestens genauso hoch oder noch höher als die zwischen Weißen und Schwarzen. Oft herrscht zwischen Individuen einer von den «Rassentheorien» als genetisch gleich definierten Gruppe eine größere Variabilität als zwischen Individuen, die von diesen als Angehörige verschiedener «Rassen» angesehen werden. Es gibt bei Menschen keine reinerbigen Teilpopulationen, vielmehr ist von einem Kontinuum genetischer Unterschiede auszugehen. Jede Grenzziehung in diesem Kontinuum ist daher willkürlich und folgt einem ideologisch motivierten historischen Herstellungsverfahren. Letztlich ist es die symbolische Ordnung von rassialisierter Differenz, die dem Sehen zugrunde liegt, und nicht umgekehrt. Diese baut auf der Menge von Melanin auf, die dem Teint menschlicher Haut eigen ist. Allein diese ist durch 5 von insgesamt 25 000 Genen geregelt.

5. Wer ist Weiß und wer Schwarz?   So paradox das klingen mag, aber das Ignorieren von «Hautfarben» ist auch keine Lösung. Rassismus kategorisiert und markiert u. a. mit Hilfe von «Hautfarben» Menschen als Akteur_innen, Profiteur_innen und Privilegierte des Rassismus oder als Diskriminierte, Fremdmarkierte und Entmachtete – ob diese das (wahr haben) wollen oder nicht.

Als der Rassismus sich formierte, ging es darum, Europäer_innen als allen anderen Menschen überlegen zu deklarieren. Dabei kam es in der verallgemeinernden, verabsolutierenden und wertenden Façon des Rassismus und in Vernachlässigung bereits bestehender Kollektivbezeichnungen zu einer Fülle diskriminierender Fremdbezeichnungen. Zum einen wurden Begriffe aus dem Tierreich entlehnt (z. B. «Bastard», «Mulatte», «Mischling», «Mestize»), um über die Nähe zu Natur und Tieren den Kolonisierten das Menschsein abzusprechen und einer vermeintlichen Mischung von «Menschenrassen» verbal Ausdruck zu verleihen. Zudem wurden Neologismen entwickelt, die in ihrer Semantik auf Konstrukte von «Hautfarben» aufbauten. So wurden Menschen etwa in Anlehnung an das Wort «schwarz» in romanischen Sprachen mit dem N-Wort oder mit anderen Farben bezeichnet.

Widerstandsbewegungen rassistisch diskriminierter Menschen setzten hier an. Sie meinten nicht nur, alle Menschen sind gleich, sie sagten auch, wir werden von Weißen als Nicht-Weiße angesehen und auf dieser Basis diskriminiert. Deswegen können rassistische Begriffe nicht ignoriert werden, vielmehr muss versucht werden, sie sich über neue Schreibweisen anzueignen. So entstehen politische Begriffe, die in der Logik der «Hautfarbenkonstruktionen» bleiben, dabei jedoch den Konstruktcharakter unterstreichen und gleichzeitig dem dahinter stehenden Blick von Weißen widersprechen. Jene, die mit rassistischen Wörtern diskriminiert werden, bezeichnen sich selbst als Black(s) oder Schwarze Deutsche (die Großschreibung des Adjektivs ist ein solcher sprachlicher Marker von Widerstand); «Farbige» und «Colored» wurde widerständig gewendet zu People of Color. Während People of Color heute, gerade auch im deutschsprachigen Raum, alle Menschen bezeichnet, die rassistisch diskriminiert werden, fungiert Black/Schwarze (je nach Kontext) sowohl als politische Bezeichnung für Menschen, die rassistisch diskriminiert werden, als auch allein für Menschen afrikanischer Herkunftsgeschichten. Daneben gibt es aber auch Begriffe wie afrodeutsch bzw. African American.

Die afrikanisch amerikanische Nobelpreisträgerin für Literatur Toni Morrison (geb. 1931) schreibt, dass es seit einigen Jahrzehnten unter Weißen als generös und liberal gelte, nicht über «Rasse» zu sprechen und sich nicht als Weiße zu bezeichnen. Dabei handele es sich um Verleugnung des Rassismus: Morrison spricht von «colour-blindness» oder «evasion», die Schwarze Literaturwissenschaftlerin bell hooks (geb. 1952) von «myth of sameness». Dies ist ein Privileg, das der Rassismus nur Weißen gibt – eine Option, die People of Color nicht leben können. Weißsein als nicht für das eigene Leben relevant einzustufen, bedeutet zu verkennen, dass der Rassismus bis heute existiert und dabei seinem Wesen gemäß eine «soziokulturelle Währungseinheit» (Ruth Frankenberg) darstellt, die Weiße privilegiert und ihnen Macht verleiht. Wenn Weißsein ignoriert wird, werden auch die sozialen Positionen, Privilegien, Hegemonien und Rhetoriken verleugnet, die daran gebunden sind. Weißsein behält dadurch seinen Status als «unmarkierter Markierer» (Frankenberg) und «unsichtbar herrschende Normalität» (Ursula Wachendorfer) bei.

Weißsein ist ein kollektives Erbe des Rassismus. Es geht weder um Schuldzuschreibungen noch um Sühne, sondern darum, anzuerkennen, dass Rassismus – analog zum Patriarchat im Falle der Geschlechterkonzeptionen – ein komplexes Netzwerk an Strukturen und Wissen hervorgebracht hat, das uns sozialisiert und prägt. Freiheit und Unabhängigkeit von durch Patriarchat oder Rassismus erzeugten Strukturen und Diskursen sind bislang nur Utopie.

6. Was ist anti-Schwarzen Rassismus? Werden Afrika, Afrikaner_
innen oder Menschen afrikanischer Herkunft diskriminiert, so bezeichnet man dies häufig als anti-Schwarzen Rassismus. Afrika und
Schwarze werden zur Projektionsfläche *weißer* europäischer Fantasien. So beinhaltet die an afrodeutsche Menschen gerichtete Frage
«Wo kommst du her?» tendenziell die Grundannahme, dass sie
«afrikanisch» seien, und zugleich die Weigerung, sie als deutsch,
das hier synonym mit *weiß* verstanden wird, anzusehen. Es liegt im
Wesen des anti-Schwarzen Rassismus zu postulieren, dass es eine
Norm(alität) von Körperlichkeit und Lebenskultur gebe und dass
sich diese Norm im Europäischen und seinem Weißsein ausdrückt.
Umgekehrt reduziert der anti-Schwarzen Rassismus Afrika und
Schwarze Menschen darauf, genau das Gegenteil, ja, die Negation all
dessen zu sein, wofür sich ein als genuin *weiß* verstehendes Europa
hielt und hält: nicht zivilisiert, sondern barbarisch; nicht organisiert,
sondern chaotisch; nicht vernunftgeleitet, sondern emotional/irra-
tional gesteuert; kurzum: nicht überlegen, sondern unterlegen; nicht
normal, sondern anders. Afrika gilt als Natur, was auch die Abwesenheit, ja, Negation von Kultur beinhaltet. Deswegen werden Sprachen
in Afrika von Europäer_innen oft als Dialekte bezeichnet und ebenso
wie afrikanische Literaturen oder afrikanische Religionen nicht
ernst genommen. Dabei bilden Exotisierung und Dämonisierung
zwei Seiten derselben Medaille.

Exotisierung unterstellt Schwarzen, dass sie naturverbunden,
gefühlsorientiert und körperbetont seien, gut tanzen, singen und
schnell laufen könnten. Im Muster der Antithese sagt das viel darüber aus, was sie nicht (gut) können: komponieren, rechnen oder denken. Wie stark Rassismus immer auch sexistisch aufgeladen ist, zeigt
sich an der erotisierenden Rhetorik der Fantasien, die Schwarzen
unterstellen, sie seien sexuell hyperaktiv. Dies drückt sich nicht zuletzt darin symbolisch aus, dass behauptet wird, ihre Geschlechts-
organe seien unnormal groß. Zur rassistischen Erotisierung des
Schwarzen Körpers gehört auch die Unterstellung, Schwarze Männer
trachteten stets nur danach, *weiße* Frauen zu vergewaltigen – während die Vergewaltigung unzähliger versklavter Afrikanerinnen von
weißen Männern lange Zeit nicht einmal als solche galt oder geahndet wurde. Nicht nur werden die eigenen Taten auf den Schwarzen
Körper projiziert, zudem lässt diese Phobie die Angst vor Schwarzem
Widerstand und davor erkennen, dass Schwarze als *weiß* deklarierte

Lebenswelten und Territorien penetrieren. Dass dieser erotisierende Exotismus selbst vor dem Tod keinen Respekt kennt, zeigt Gloria von Thurn und Taxis' schwindelerregend ungebildeter Ausspruch, in Afrika sei AIDS so weit verbreitet, weil Afrikaner_innen so gerne «schnackseln».

Die Dämonisierung hat Frantz Fanon (1925–1961) auf die Formel gebracht, Afrika werde als «Quintessenz des Bösen» und «Feind aller Werte» konstruiert, um dem Kontinent vermeintlich legitimiert *weiße* Kontrolle, Züchtigung und Gewalt antun zu können. Afrika kenne nur Tyrannei. Zum Wohle dieses Irrtums brachte die kolonialistische Sprache ganz verschiedene gesellschaftliche Strukturen auf die Vokabel «Stamm» und wurden alle Herrscher_innen abwertend und undifferenziert als «Häuptlinge» bezeichnet, während soziale und politische Strukturen zerstört und gesellschaftliche Dynamiken unter koloniale Kontrolle gestellt wurden, nur um im selben Atemzug zu unterstellen, dass es in Afrika weder Geschichte noch Zukunftsvorstellungen gebe. Selbst Kriege in der afrikanischen Geschichte werden in Europa anders bewertet (z. B. als «Stammesfehde») als Kriege in Europa. Bis heute gilt Afrika als Synonym für Diktatur und Korruption, fast so, als gäbe es Diktatur und Korruption nicht auch in Europa.

7. Was ist Antisemitismus?

«Judenfeindschaft» gab es in Europa schon lange und kennzeichnete insbesondere das Mittelalter und die Frühe Neuzeit. Pogrome gegen Jüd_innen waren dabei die schlimmsten Erscheinungen, aber auch Betätigungsverbote, die Jüd_innen zwangen, bestimmte Berufe zu ergreifen, gehörten dazu. Diese Feindschaft war bis weit ins 19. Jahrhundert hinein religiös unterlegt – «der Jude» als «Anti-Christ». Für diese Feindschaft gegen Jüd_innen gab es ökonomische, sozial-kulturelle und politische Gründe; das Religiöse war kein Vehikel, sondern die ideologische Klammer.

Der Übergang von der «Judenfeindschaft» zum Antisemitismus in den 1870er und 1880er Jahren erfolgte vor dem Hintergrund von zwei Entwicklungen. Zum einen war die Emanzipation und gesellschaftliche Integration von Juden und Jüdinnen in Europa seit Beginn der Diskussionen um ihre gesetzliche Diskriminierung im späten 18. Jahrhundert vorangeschritten. Das Aufkommen der «Judenfrage» – noch vor der Französischen Revolution – im letzten Drittel des 18. Jahrhunderts hatte zum Ziel, die gesetzlichen Diskriminierungen der Jüd_innen zu beseitigen. In einem fast einhundertjährigen Prozess mit vielen Rückschlägen erlangten sie mit der Reichsgründung 1870/71 in Deutschland de jure einen weitgehend gleichberechtigten Platz im gesellschaftlichen Leben. Lediglich das Militär und einige andere Institutionen verwehrten Juden weiterhin Partizipationsmöglichkeiten. Diese Entwicklung wurde zwar von Teilen des nichtjüdischen Bürgertums unterstützt und befördert, zugleich aber formierten sich antijüdische Gruppen, die sich mit jahrhundertealten Stereotypen, Ausgrenzungsargumenten und Beleidigungen dieser Entwicklung entgegenstellten.

Als es in den 1870er Jahren zu einer ersten tiefen Wirtschaftskrise («Gründerkrach») in Deutschland kam, galt es zum anderen, «innere Feinde» für die entstandenen Probleme verantwortlich zu machen. Der Katholizismus oder die organisierte Arbeiterbewegung kamen dafür teilweise (und letztere immer wieder) in Betracht, aber noch wirkungsmächtiger wurde der aufsteigende Antisemitismus, der ab Ende der 1870er Jahre rasch jene Züge annahm, die nach dem Ersten Weltkrieg insbesondere von den Nazis zur Vernichtungsideologie ausgebaut wurden.

Der moderne Antisemitismus knüpfte zwar an die tradierten Bilder von und über Jüd_innen an, konstruierte diese aber jetzt nicht mehr in erster Linie als Glaubensgemeinschaft oder religiöse Gruppe, sondern griff weit verbreitete «Rassentheorien», etwa von Arthur de Gobineau, auf und entwarf die «jüdische Rasse». Der Begriff Antisemitismus ist wahrscheinlich von dem Journalisten Wilhelm Marr (1819–1904) geprägt worden. Mit seinem 1879 erschienenen, weit verbreiteten Pamphlet *Der Sieg des Judenthums über das Germanenthum – Vom nichtconfessionellen Standpunkt aus betrachtet* wurde er nicht nur zeitweilig zur wichtigsten Stimme des politischen Antisemitismus. Schon der Titel zeigt an, wonach er strebt: Jüd_innen als «Rasse» zu entwerfen. Er stellt sie nicht mehr, wie bislang üblich, den Christ_innen gegenüber, sondern dem Volk der Germanen. Sie seien – eine seit dem Mittelalter weit verbreitete diskriminierende Argumentation – wurzellos, hätten kein Land, müssten deshalb wandern und wollten erobern, was und wie es nur geht. Jüd_innen seien nicht «assimilierbar», lautete die Botschaft. Die bislang angestrebte christliche Taufe sei untauglich, um aus Jüd_innen «Deutsche» zu machen. Daran konnten die Nazis später bruchlos anknüpfen.

Auch der Begriff Antisemitismus selbst erweist sich bei näherer

Betrachtung als das neue Paradigma der «rassistischen Judenfeindlichkeit». Denn er bezeichnet vom Wortsinn her eine «Semitengeg-
nerschaft». Wissenschaftlich verbrämt sollte so die Sprachfamilie der
Semiten als Ausweis für die «jüdische Rasse» dienen, obwohl der
Begriff Antisemitismus nur Jüd_innen bzw. als solche identifizierte
Menschen meinte. Und außerdem ist Antisemitismus weitaus mehr
als bloße «Gegnerschaft».

Viele einflussreiche Intellektuelle reihten sich schnell in die Pha-
lanx der Antisemit_innen ein. Marr selbst führte den Kampf gegen
Jüd_innen und Arbeiterbewegung in seiner Schrift *Goldene Ratten
und rothe Mäuse* 1880 zusammen. Hier tauchen all die Topoi auf, die
später auch Hitler und seine Bewegung benutzen werden: Judentum,
Kapitalismus und Kommunismus bedingten einander, seien unlös-
lich miteinander verbunden, gehörten gleichermaßen vernichtet.
Der Historiker Heinrich von Treitschke (1834–1896) brachte seine
Ansichten über die «deutsch redenden Orientalen» 1879 auf die Formel: «Die Juden sind unser Unglück!» – der Slogan zierte seit 1927
das NS-Kampfblatt «Der Stürmer».

Zwar gibt es berühmte Stimmen, die sich ab 1878 dem Antisemitismus entgegenstellen, heftige öffentliche Debatten entbrennen.
Aber in der Rückschau war dies vergebens. Der rassistisch gewendete
Antisemitismus war in der Welt und brach sich überall in Europa
Bahn. Nazi-Deutschland setzte ab 1933 grausam und systematisch
in die Tat um, was antisemitische und rassentheoretische Schriften
und Reden jahrzehntelang vorbereitet hatten. Die Shoah hatte viele
geistige Wegbereiter. Antisemitismus ist eine Form des Rassismus,
die auch nach der Shoah in Deutschland virulent blieb – bis in unsere Tage hinein.

8. Was meint antimuslimischer Rassismus? In Europa hat sich
eine Haltung aufgebaut, die Islam und Muslime oft auf Schlüssel-
begriffe wie Rückschrittlichkeit, Despotismus, Fanatismus, Terroris-
mus, Frauenfeindlichkeit und Homophobie reduziert. Dabei wird so
getan, als gäbe es weltweit nur *einen* (monolithischen) Islam und *eine*
(starre) Art, ihn zu praktizieren. Bestenfalls wird zwischen Islam und
Islamismus unterschieden, gelegentlich gehen Journalist_innen auf
Differenzen innerhalb verschiedener islamischer Gesellschaften ein.

Zu dieser Konstruktion gehört, dass etwa in Deutschland der
Islam als Bedrohung für den säkularisierten Staat dargestellt wird –

einen Staat, der christliche Kindergärten fördert und in seinen Schulen weder Kruzifixe noch christlichen Religionsunterricht verbietet. Umgekehrt wird oft jedes Ansinnen, ein Minarett zu bauen, als Lehrerin ein Kopftuch zu tragen oder vom islamischen Glauben zu berichten, als aggressive und zwangsweise feindselig motivierte Unterwanderung der Trennung von Kirche und Staat bewertet. Dabei werden Muslime als fossile Verweiger_innen der Moderne konstruiert und so getan, als hätte die feministische Revolution außerhalb des Islam längst gesiegt und sexistische Taten und Moden aus dem Christentum und dem säkularisierten Deutschland verbannt, und als gäbe es andererseits keine unterschiedlichen Formen anti-rassistischer, feministischer und queerer Kritiken in islamischen Kontexten.

Zunächst mag es so scheinen, dass diese Islambilder vom islamistischen Terroristen als dämonisierten «Anderen», der, wie etwa die Berliner Professorin für Rassismus und Migration Iman Attia anmerkt, in machohafter Brutalität jeder Moral und aller Werte entbehre, sowie nichts mit den exotisierenden Vorstellungen vom Orient als ewig gestriger, märchenhafter Vormoderne und mit exotisch-erotischen Fantasien vom sinnlichen Harem und Bauchtanz zu tun habe. Exotisierung und Dämonisierung aber gehören zusammen. Zudem ist es auch historisch gesehen mitnichten so, dass sich Orient und Islam antithetisch verhielten bzw. der Orient durchweg positiv besetzt wäre. Vielmehr wohnt auch ihm der Dualismus von Exotisierung und Dämonisierung inne. «Abhängig von Stand- und Zeitpunkt der Sprecher_innen», schreibt der Anglist Markus Schmitz, «bezeichnet der *Orient* den irrationalen Ort grausamer Häresie, Tyrannei und Unterwürfigkeit oder das exotisierte Lustobjekt einer narzisstisch motivierten Befriedigung sowie die Quelle einer erhofften geistig-spirituellen Regeneration.» Angesichts der Komplexität dieser Konstruktionen und der Einheit von Exotismus und Dämonisierung greifen Begriffe wie Islamophobie oder Islamfeindlichkeit zu kurz. Allerdings sind auch Begriffe wie antiislamischer oder antimuslimischer Rassismus letztlich insofern irreführend, als der orientalistische Rasterfahnderblick Menschen entlang von Haut- und Haarfarben sowie etwa Bärten und Kleidungssymbolik wahlweise zu Orientalen, Arabern oder Muslimen macht. Dabei wird von «einer prinzipiellen, quasi-genetischen Gläubigkeit aller Menschen» ausgegangen, «die aus einem islamisch mitgeprägten Land stammen» (Sibille Merz) bzw. denen eine solche Herkunft zugeschrieben wird.

So werden Menschen – wie etwa eine Deutsche türkischer Herkunft, ein arabisch sprechender Mensch oder auch nur eine Frau, die ein Kopftuch trägt – dem Islam einverleibt, die unter Umständen gar keine Muslime sind. Sie können Atheist_innen oder auch religiös sein, dabei aber jüdisch, christlich oder buddhistisch. Sie können den Islam ablehnen oder sich zu ihm bekennen. Das können sie als gläubige oder säkularisierte Muslime tun, welche sich etwa mit dem Islam identifizieren, um gegen die deutsche Ausgrenzungspolitik zu protestieren bzw. einen Fels des Dazugehörens in der Brandung des alltäglichen Rassismus hierzulande zu finden.

Griffiger und zutreffender, sagt die Politikwissenschaftlerin Mariam Popal, erscheint der Begriff «orientalistischer Rassismus», der Edward Saids (1935–2003) Begriff «Orientalismus» aufgreift. Said hatte gezeigt, wie sich der Westen seinen Orient erfand – das «Andere» als antagonistisches Gegenstück zum «Selbst».

9. Was ist Antiziganismus? Der Begriff Antiziganismus leitet sich aus dem französischen Antitsiganisme ab. *Zigan* wäre demnach das deutschsprachige Äquivalent zu *tsigane*, das genaugenommen mit «Zigeuner» zu übersetzen wäre. Der Suffix «-mus» bezeichnet häufig Ideologien oder Weltanschauungen. Antiziganismus wäre also als «Anti-Zigeuner-Ideologie» oder auch «Gegen-Zigeuner-gerichtete-Ideologie» zu übersetzen. «Zigeuner» aber gibt es nicht, nur Menschen, die als solche erfunden wurden – allen voran Sinti und Roma, aber auch Manusch und Kale. Die Zuordnung ergibt sich aus der Etymologie, in der sich vermutlich zwei Herkünfte verschränken: die griechische Sekte Athinganoi (= die Unberührbaren) und gipcyan (= als englische Kurzform für Ägypter).

Das «Zi.»-Wort – «Zi.» statt «Z», weil diese Menschen unter den Nazis mit einem «Z» gekennzeichnet wurden – stellt keine Eigenbezeichnung dar und trägt weder linguistisch, kulturell, religiös noch geographisch dazu bei, menschliche Gesellschaften sinnvoll zu klassifizieren. Indem der Begriff «Antiziganismus» dieses rassistische Wort in sein Zentrum stellt, suggeriert er, dass es diese Menschen überhaupt gäbe. Tatsächlich handelt es sich nicht um eine beliebige, sondern eine rassistische Feindseligkeit, die sich im Verbund mit exotisierenden Konstruktionen historisch entwickelte. Angebliche körperliche Merkmale wurden kulturell, mental und religiös bedeutungsvoll aufgeladen und schließlich als rassistisches Paket verabsolutierend den so konstruierten Menschen zugeschrieben. Im Kern ging es darum, «Zi.» einen Mangel an «Zivilisiertheit», Kultur und Vernunft zu attestieren, der mit einem Übermaß an Emotionalität einhergehe und sie der «weißen Rasse» unterlegen mache. Sie hätten eine Begabung für Musik, die aber nur intuitiv veranlagt sei, weswegen sie nicht über Straßenmusik und Schaustellerei hinauskämen. Auch erotisierende Fantasien, sie seien sexuell besonders freizügig, schließen sich hier diskursiv an. In (pseudo)theologischen Auslegungen wurde den angeblichen «Heid_innen» unterstellt, Maria und Joseph die Herberge verweigert und die Nägel für Christus' Kreuzigung gefertigt zu haben. Kulturell mangele es ihnen überdies an Sesshaftigkeit, verbunden mit der Unfähigkeit, ein bürgerliches Leben zu führen und einer produktiven Arbeit nachzugehen, die zum Gemeinwohl beiträgt. Mental münde dieser Müßiggang wiederum in eine selbst verschuldete Armut und in notorisch angelegte kriminelle Handlungen.

Diese rassistischen Mythen faszinieren seit jeher *weiße* europäische Imaginationen in Kunst, Musik und Literatur, wobei sie zugleich in Theologie, Natur-, Sozial- und Kulturwissenschaft befördert wurden. Hinzu kommt, dass auch Kriminologie und Politik mit diesen Konstruktionen arbeiteten und im Zusammenspiel mit dem wissenschaftlichen Rassismus «Zi.» als «Rasse von Verbrechern» (Cesare Lombroso) konstruierten, bei der sich eine rassisch bedingte Asozialität nachweisen lasse. Staatlich sanktionierte Landesverweise, Folterungen, Ermordungen und Verschleppungen waren die Folge. Als «Zi.» bezeichnete Menschen wurden zur Arbeit in Arbeitshäusern und privaten Haushalten gezwungen, Kinder wurden ihren Familien entrissen, in Waisenheimen misshandelt und «Zi.» demographisch erfasst und polizeilich mittels der Daktyloskopie, einem Vorläufer der Biometrie, der sich auf die Papillarleisten in den Handinnen- und Fußunterseiten konzentriert, registriert.

Es ist möglich, diesen Rassismus als Antiziganismus zu beschreiben. Es geht aber nicht allein um Feindseligkeit noch gibt es überhaupt «Zi.». Deshalb wird auch alternativ von «ziganistischem Rassismus» gesprochen, um deutlich zu machen, dass schon der «Zi.» eine diskriminierende Erfindung darstellt.

10. Gibt es kulturellen Rassismus? «Kultureller Rassismus» markiert begrifflich eine Trendwende. Hier wird anerkannt, dass es keine menschlichen «Rassen» gebe oder dass es wenigstens unangemessen sei, von «Rassen» zu sprechen. Deswegen verzichtet dieser Rassismus angeblich darauf, körperliche Unterschiede festzumachen, sondern postuliert vielmehr kulturelle Unterschiede, die sich etwa in der Religion oder Kleidung ausdrückten. Dabei wird von einem umstrittenen Kulturbegriff ausgegangen, der festlegt, was dazu und was nicht dazugehört. Kultur wird mit Herkunft verbunden und zugleich bleiben dynamische, differenzierte Wandlungsprozesse unterbelichtet.

So wohnt etwa Begriffen wie «Leitkultur» oder «Parallelkulturen» die Idee eines *weißen* christlichen Deutschlands inne. Daraus folgt auch die Unterstellung, dass es Kulturen gebe, die unvereinbar seien und nicht gemeinsam eine Gesellschaft konstituieren können. Dabei werden kulturelle und religiöse Symbole, wie etwa das Tragen eines Kopftuchs, zu Symbolen des Nicht-Dazugehörens gemacht. Im Duktus von Thilo Sarrazin, hier in einem *Welt*-Interview im August 2010, hört sich das so an: «Ich bin kein Rassist. Wenn Sie mein Buch gelesen haben, wissen Sie, dass ich die Integrationsprobleme muslimischer Migranten in Europa auf den islamischen kulturellen Hintergrund zurückgeführt habe.»

Allerdings halte ich es nicht für adäquat, von «kulturellem Rassismus» oder dem analog gebrauchten «Rassismus ohne Rassen» zu sprechen. Zum einen ist Rassismus an die Konstruktion von körperlichen Unterschieden gebunden. Dabei ist er zu keinem Zeitpunkt umhin gekommen, diese kulturell und religiös mit Bedeutung aufzuladen. Zum anderen ist es umgekehrt nicht so, dass bei dem, was kultureller Rassismus genannt wird, Konstruktionen körperlicher Differenz keine Rolle spielen würden. Theodor W. Adorno (1903–1969) beobachtete in *Schuld und Abwehr* (1951): «Das vornehme Wort Kultur tritt anstelle des verpönten Ausdrucks *Rasse*, bleibt aber ein bloßes Deckbild für den brutalen Herrschaftsanspruch.» Der britische Soziologe Stuart Hall schließt hier an, wenn er schreibt, dass das Sprechen von «genetischem Mangel» heute in Begriffen wie «Kulturdefizit» ausgedrückt werde.

Zu verschiedenen Zeitpunkten und in den verschiedenen Versionen des Rassismus kooperieren körperliche und kulturelle Konstruktionen von Differenz, die unterschiedlich gewichtet sein können. Jedoch hat Rassismus nie komplett auf eines der beiden Segmente verzichtet. Deswegen ist der Begriff «kultureller Rassismus» letztlich tautologisch. Oft synonym verwendete Begriffe wie «Neorassismus» oder «Kulturalismus» lenken davon ab, dass von Annahmen die Rede ist, die auf biologistischen Grundannahmen aufbauen und zum breiten Spektrum des Rassismus gehören.

11. Kann Rassismus «positiv» sein? Was könnte an Rassismus positiv sein? Nichts. Allerdings soll der Begriff «positiver Rassismus» in der Alltagssprache darauf verweisen, dass Rassismus auch dann gegeben sein kann, wenn Weiße Schwarzen gar nicht feindselig begegnen (oder besser: begegnen wollen) und sie Schwarze gar nicht schlecht machen, sondern loben wollen.

Die Liste solcher «Komplimente» ist lang: «Du bist ja super braun, ich muss mich dafür monatelang im Sonnenstudio quälen.» Oder: «Darf ich deine Haare mal anfassen, die sehen so toll aus.» Oder: «Schwarze können einfach gut tanzen, die haben eben Rhythmus im Blut.» Oder: «Afrikaner_innen können schnell rennen.» Oder: «Afrikaner_innen sind gut im Bett.»

Das mag gut gemeint sein, ist aber nicht positiv, sondern rassistisch. Denn in jeder dieser Beispielaussagen steckt die Annahme, dass es menschliche Eigenschaften gebe, die sich körperlich manifestieren, die Schwarze naturverbundener, emotionaler oder sexbesessener auf die Welt kommen lassen – oder anders ausgedrückt (meist gemeint, aber heute selten gesagt) mit weniger Vernunft, Verstand und Kultur. Außerdem sagt jeder dieser Sätze dem angesprochenen Schwarzen: Du bist anders, anders als ich. Wenn ich dich sehe, sehe ich alle Schwarzen. Ihr seid anders als wir, wir Weißen. Hier wird essentialisiert und Individualität negiert. Schwarze werden zur Projektionsfläche *weißen* Begehrens nach Fantasien, die mit rassistischem Wissen aufgeladen sind.

12. Gibt es auch in Ghana Rassismus? Menschliche Begegnungen folgen immer Machtachsen, die Diskriminierungen zulassen. Rassismus ist eine spezifische Form davon, der Begriff sollte nicht inflationär verwendet werden. Wenn *weiße* Migrant_innen aus Portugal oder Italien diskriminiert werden, handelt es sich nicht um Rassismus. Rassismus ist (und aktuell sogar wieder verstärkt) an «Hautfarbe» als zentrale Kategorie gebunden und baut damit auf einer vermeintlichen Evidenz der Sichtbarkeit von «Rassen» auf. Auch wenn Pol_innen oder Ir_innen innereuropäischen Diskriminierungen ausgesetzt waren und ihnen gegenüber sogar nach Strategien der «Entweißung» gesucht wurde, bot eben gerade ihr Weißsein immer auch den maßgeblichen Schlüssel, Teil des europäischen Selbst zu werden. So konnten und können – trotz eigener Diskriminierung – *weiße* Pol_innen Rassismus instrumentalisieren, um sich von Schwarzen abzugrenzen und sich selbst dadurch als *weiß* und damit zugehörig zu positionieren, während dies für Nigerianer_innen oder andere, in Deutschland lebende People of Color unmöglich ist.

Kritik am Rassismus kann nur so lange produktiv sein, wie ich den Rassismus in dem Stall belasse, aus dem er stinkt: und dies ist das paneuropäische Projekt, «Menschenrassen» zu erfinden, um dem europäischen Kolonialismus als Schwert und Schild zu dienen, einschließlich seiner Vorläufer seit der Antike, der Auswüchse, die diese Erfindung im Nationalsozialismus und mit der Shoah genommen hat, und seiner Facetten, die heute die Welt im Klammergriff halten. Denn auch dies unterscheidet den Rassismus von anderen imperialen Diskriminierungsideologien: Er erfasst die gesamte Welt.

Wenn ich in Ghana als Weiße für reich gehalten werde, dann ist das nicht rassistisch – wohl aber ein Erbe des Rassismus. Insgesamt ist die Annahme irrig, dass Ausgrenzung oder Diskriminierung, die Weiße von Schwarzen erfahren, rassistisch bzw. «umgekehrt rassistisch» sei. Wenn Schwarze Weiße als Weiße markieren oder ihnen bestimmte Attribute zuschreiben, repräsentiert dies ein Reservoir von Strategien zur Abgrenzung oder des Widerstandes, das sich auch der Codes und Kategorien dieser *weißen* Erfindung bedienen kann.

Wenn sich People of Color in Musik, Literatur und Kunst sowie in widerständigen Selbstbenennungen mit rassistischen Fantasien und Begriffen auseinandersetzen und dabei rassistische Begriffe aufrufen – Rapper etwa mit dem «N-Wort» polemisieren –, so sind diese terminologischen Nutzungen als Ausdruck eines komplexen und uneinheitlichen marginalisierten Feldes von Selbstpositionierungen zu verstehen.

13. Warum ist es irreführend, von Ausländer- und Fremdenfeindlichkeit zu sprechen, wenn Rassismus gemeint ist? In Deutschland schrecken viele davor zurück, das Wort Rassismus in den Mund zu nehmen. Begriffe wie Fremden- oder Ausländerfeindlichkeit gehen leichter über die Lippen – auch wenn Rassismus gemeint ist.

Beide Begriffe suggerieren, dass es um Feindseligkeit geht oder auch Hass, alternativ findet sich der Gebrauch von «Ausländerhass» bzw. «Fremdenhass». Rassismus aber wirkt komplexer, ist auch dann am Werk, wenn vermeintlich wohlwollend Komplimente über Haut, Haar oder Rhythmusgefühl ausgeteilt werden. Rassismus heißt, zu unterstellen, es gebe «Rassen» und diese bedingen, dass Menschen (genetisch definiert) verschieden sind – dass sie unterschiedlich aussehen und deswegen bestimmte Dinge (nicht/besser) können und zu bestimmten Kulturen dazugehören (oder eben auch nicht).

Nun könnte man meinen, dass Begriffe wie Ausländer- und Fremdenfeindlichkeit zumindest exakt beschreiben, was rechtsradikale Menschen motiviert. Doch auch hier sind beide Begriffe unzutreffend. Zum einen ist Feindlichkeit eine zu vage Vokabel für die systematisch verfolgten Ziele des Rechtsextremismus und deren strukturelle Absicherung und gewaltvolle Umsetzung. Zum anderen sind ja keineswegs alle Ausländer_innen bedroht. *Weiße* Brit_innen etwa sind nicht betroffen, türkische Deutsche aber schon, obgleich sie gar keine Ausländer_innen sind. Als «Fremde» erscheinen sie allein jenen, die eine klare Vorstellung vom Eigenen haben und davon, dass etwa Deutschsein und Schwarzsein unvereinbar seien. Damit wird «fremd» zur gefährlichen Kategorie, weil sie das Denken aufgreift und fortschreibt, dass Menschen, die als «fremd» bezeichnet werden, tatsächlich «Fremde» seien. Der Begriff «Fremdenfeindlichkeit» reproduziert rassistische Logiken, die in vereinfachenden Lösungsansätzen münden, wie etwa, dass es ausreiche, «Fremde» besser zu verstehen und ihnen gegenüber mehr Toleranz auszuüben. Auch diese Aussage baut auf einem Raster auf, das klar zu benennen vermag, wer dazu gehört – und wer nicht. Dabei kommt jene Annahme ins Spiel, die bereits im in der griechischen Antike gebräuchlichen Begriff «Xenophobie» angelegt ist, nämlich dass eine anthropologische Grundkonstante existiere, die der Kultur der «Anderen» («Fremden») nahezu reflexhaft feindselig begegnet. Karl Valentins (1882–1948) berühmter Aphorismus «Fremd ist der Fremde nur in der Fremde» kommt hier in den Sinn.

14. Was ist Kolonialismus?   Die meisten Kolonialismusdefinitionen setzen bei der etymologischen Herkunft des lateinischen Wortes *colonia* an, was so viel heißt wie *Farm* oder *Siedlung*. Manche sehen einen komplementären Zusammenhang zu *colĕre* (*kultivieren* oder *gestalten*). Diese antike römische Sicht bringt das Selbstverständnis der Kolonisierenden zum Ausdruck, wonach Siedlungen und Farmen, Kultur und Geschichte dort errichtet werden, wo zuvor etwas unbewohnt oder zumindest unkultiviert und ungestaltet, sprich «unzivilisiert» gewesen sei.

Kolonialismus bezeichnet aber ein Herrschaftsverhältnis. Es mag unbewohnte Flecken der Erde gegeben haben, das Hauptgeschäft des Kolonialismus aber spielte sich auf bewohnten Territorien ab. Gelegentlich begnügte sich eine Kolonialmacht anfänglich damit, vergleichsweise symmetrische Handelsbeziehungen zu unterhalten. In der Regel aber bestand die erste Amtshandlung der Kolonialmacht darin, Menschen ihr Land wegzunehmen und es zu besetzen. Das geschah militärisch und mit anderen Gewaltformen, wobei die Landräuber die Beraubten an die Peripherie des Menschseins verwiesen, gemäß dem Motto: Wer kein (kultivierter/zivilisierter) Mensch ist, entbehrt des Anspruchs darauf, Land und dessen Reichtümer zu besitzen. Diese Quadratur des Kreises unterwarf besiedeltes Land der Fiktion, es sei *terra nullius* – menschenleeres und verfügbares Land.

Tatsächlich wurden die einheimischen Bevölkerungen oft gegen ihren aktiven Widerstand verschleppt, beraubt, unterdrückt oder gar eliminiert. Bestehende soziale Strukturen, politische Systeme, kulturelle Praktiken, Wissensarchive, Religionen und Sprachen wurden unterdrückt oder zerschlagen. Das eroberte Land wurde – oftmals entgegen langfristig gewachsenen geopolitischen Räumen und Grenzlinien – nach dem eigenen Vorbild gestaltet und gemäß eigenen Interessen umfunktioniert.

Dabei wurden verschiedene Ziele und Zwecke verfolgt. Das eroberte Land kann als militärischer oder als Handelsstützpunkt dienen (*Stützpunktkolonie*) oder auch als *Beherrschungskolonie* etabliert werden. In diesem Falle siedeln sich nur so viele Bürokraten, Militärs und Handelsleute an, wie zur strukturellen Etablierung der vom kolonialen Kernland aus geleiteten direkten oder indirekten Fremdherrschaft sowie zur wirtschaftlichen Ausbeutung der lokalen Ressourcen vonnöten sind. Alternativ kann es zur Neubesiedelung und zur Gründung von *Siedlerkolonien* kommen, die billiges oder enteignetes Land zunächst vornehmlich agrarisch (Stichwort Plantagenökonomie), später dann auch anderweitig nutzen – und zwar unter Ausbeutung lokaler Arbeitskräfte und/oder versklavter Menschen.

In jedem Fall wird die eigene politische Macht nach innen wie nach außen gestärkt und ökonomischer Profit aus der Kolonisierung geschlagen.

Kolonialismus gibt es seit der Antike und weltweit. Dabei begegnen wir sehr komplexen und widersprüchlichen Geschichten. Auch der moderne europäische Kolonialismus, der 1492 seine Anfänge nahm, gestaltete sich unterschiedlich. Das ist schon offensichtlich angesichts der Vielzahl der beteiligten Kolonialmächte wie etwa Frankreich, Großbritannien, Deutschland, Portugal, Spanien, Belgien, Italien und der Niederlande sowie der Tatsache, dass ihre Kolonialreiche den gesamten Globus umspannten. Der französische Jurist und Ökonom Arthur Girault hielt 1921 fest, dass kurz nach dem Ende des Ersten Weltkrieges die Hälfte des globalen Festlandes und 2/5 der damaligen Weltbevölkerung, das heißt 600 Millionen Menschen (440 Millionen in Asien, 120 Millionen in Afrika, 60 Millionen in Ozeanien und 14 Millionen in den Amerikas), kolonialen Regimen unterworfen waren. Der Kolonialismus hat so nachhaltig gewirkt, dass er auch Länder, die selbst weder Kolonialmacht noch Kolonie waren, prägte. Dabei stellt die gleichsam singuläre Massenversklavung afrikanischer Menschen ein Segment der ersten Phase des europäischen Kolonialismus dar. Ohne die koloniale Besiedelung in den Amerikas hätte die Deportation versklavter afrikanischer Menschen nicht diese singulären Auswüchse angenommen, und der Kolonialismus wäre deutlich weniger potent gewesen. Als Sklaverei verboten und zunehmend auch tatsächlich strukturell überwunden wurde, glitt der Kolonialismus in seine zweite Phase hinüber, die oft als imperiale Phase bezeichnet wird und zwischen der Berliner Konferenz (1884/85) und dem Ende des Zweiten Weltkrieges ihre Hochphase hatte. In nur zwei Jahrzehnten wurden 90 Prozent des afrikanischen Territoriums unter den europäischen Kolonialmächten aufgeteilt.

Proteste der versklavten Menschen wurden durch den Abolitionismus, der Bewegung zur Abschaffung der Sklaverei, von Weißen aufgenommen und gewannen dabei einerseits strukturell an Macht, wurden andererseits aber gezähmt. Gleichzeitig lösten die revolutionären Situationen in den Kolonien und die Massenproteste (wie der Aufstand der Nama und Herero, 1904–1908, und der Maji-Maji-Aufstand, 1905–1907) eine Krise im kolonialen Zentrum aus, die sich auch darin niederschlug, dass aus dem Zentrum der Macht heraus

Kritik am Kolonialismus geübt wurde. Doch so wie der Abolitionismus die Sklaverei in eine Legitimationskrise und dann in den Untergang führte, ohne dass der Rassismus als ihre ideologische Grundlage angegriffen worden wäre, wurden koloniale Praxen in Frage gestellt, ohne dass der Kolonialismus als System in Zweifel gezogen oder gar der Rassismus als Wissenssystem kritisch reflektiert worden wäre.

15. In welchem Verhältnis stehen Imperialismus und Kolonialismus zueinander? Es ist umstritten, ob und wie Kolonialismus und Imperialismus voneinander abgesetzt werden können. Manche versuchen dies räumlich – das imperiale Land ist die Metropole, von der Macht ausgeht, und die Kolonie oder Neo-Kolonie ist der Ort, der von dieser Metropole kontrolliert und gesteuert wird –, andere zeitlich. Edward Said meint, Kolonialismus sei immer erst eine Konsequenz des Imperialismus und nicht umgekehrt, während andere sagen, beide seien historisch gleich alt und die Übergänge seien so fließend, dass beide Begriffe nur schwer voneinander abzugrenzen seien. Den breitesten Konsens findet die These, Imperialismus habe erst in der zweiten Phase des Kolonialismus eingesetzt, deren Beginn am Ende des 19. Jahrhundert liege. Andere wiederum vertreten die These, Kolonialismus und Imperialismus existierten zeitlich wie räumlich losgelöst voneinander. Imperialismus könne auch ohne Kolonien bestehen, weil er sich auch über nicht-koloniale Strukturen realisieren kann, Kolonialismus wiederum gebe es – nach Ansicht des Historikers Jürgen Osterhammel sogar im Regelfall – unabhängig von Imperialismus.

Die in den USA lehrende Literaturprofessorin Ania Loomba bezeichnet den Kolonialismus als «Hebamme, die die Geburt des europäischen Kapitalismus» unterstützend begleitete. So wie der Frühkolonialismus mit dem Frühkapitalismus zusammenfällt und diesen stärkt, verdankt sich die Industrielle Revolution auch der Tatsache, dass die europäische Versklavung afrikanischer Menschen ein komplexes Handelssystem etablierte, dessen Profite in die Metropolen Europas flossen und die kolonisierten Länder nachhaltig ökonomisch in die Knie zwangen. Dieses globale Wirtschaftssystem samt des ihm einverleibten Prinzips ökonomischer Ungleichheit erreichte im Imperialismus seinen Höhepunkt. Der Kolonialismus wiederum ist sein markantester Spezialfall.

II. Rassismus vor der Aufklärung

16. Was hat Aristoteles mit Rassismus und Sklaverei zu tun? Um Abgrenzungsprozesse zu legitimieren und im Kontext von Eroberungskriegen und Sklaverei kam es im 5. und 4. Jahrhundert v. Chr. zur Konstruktion einer kulturellen Differenz zwischen «Griechen» und «Nicht-Griechen», von Ersteren zumeist als «Barbaren» bezeichnet. Dabei spielten Klimatheorien eine entscheidende Rolle.

Herodot begriff den Unterschied zwischen den Griechen im Westen und den Völkern des Ostens einerseits als geschichtliches Phänomen, andererseits führte er ihn auch auf Bedingungen zurück, auf die der Mensch keinen Einfluss hat. Insbesondere im 2. Historienbuch, das vor allem Ägypten behandelt, greift er auf das Klima zurück, um Differenzen der Körpergrößen verschiedener Völker zu erklären. Ausgereifter treten klimatheoretische Überlegungen erstmals in dem Hippokrates zugeschriebenen Traktat *De aere, aquis et locis* (Über Luft, Wasser und Orte) aus der zweiten Hälfte des 5. Jahrhunderts v. Chr. in Erscheinung. Er vertritt die These, dass sich Asien «hinsichtlich der Naturen der Dinge, die aus der Erde kommen, wie auch ihrer Bewohner» am stärksten von Europa unterscheide, wobei es innerhalb Asiens wiederum ebenfalls Unterschiede gebe. Dabei stellt er einen Zusammenhang zwischen dem Klima, der «Gestalt der Völker» und deren Mentalität her. Bei den Asiat_innen etwa habe die «Natur» das Aufkommen von «Eigenschaften wie Tapferkeit, Standhaftigkeit gegenüber Ungemach, Straffheit und Mut» verhindert.

Aristoteles war als Lehrer Alexanders des Großen bestrebt, dessen Eroberungszüge sowie die griechische Ausgrenzungspraxis gegenüber den «Anderen» philosophisch und *politikberatend* zu unterlegen. In Anlehnung an Hippokrates geht Aristoteles vom Zusammenhang zwischen klimatisch bedingten körperlichen und mentalen Eigenschaften aus. In *Problemata* schreibt er z. B., dass Menschen in extrem kalten oder heißen Gebieten ihrem Wesen und Verhalten nach roh seien. Solchen Überlegungen folgend entwickelt er in seiner *Politik* eine Theorie der Sklaverei. Diese sei naturgegeben und daher gerecht. So wie die Verbindung von Männlichem und Weiblichem ein um der Fortpflanzung willen naturgemäßes Streben sei, sei es zum Zwecke der Lebenserhaltung erforderlich, dass «das eine», das Eigene, die Griechen, «zum Herrschen» und «das andere», die «Barbaren», «zum Dienen» auserkoren seien. Die «Natur» habe definiert, wer

Herr und wer Sklav_in sei. Werkzeugen und Nutztieren gleich besäßen Sklav_innen «das planende Vermögen überhaupt nicht», könnten lediglich als «beseelte Werkzeuge» die Pläne ihrer Herren ausführen. Zudem habe «die Natur» auch die Körper der Freien und der Sklav_innen verschieden ausgestattet: die einen kräftig für die Beschaffung des Notwendigen, die anderen ungeeignet für derartige Verrichtungen, doch fähig zum politischen Leben.

Mit Blick auf diese körperlichen Eignungen geht Aristoteles davon aus, dass geographische Lage und Klima Mentalitäten, Tugenden und Schwächen der Völker bedingen und diese wiederum ihr Verhältnis zueinander und ihre Position innerhalb der Sklaverei bestimmen. In Anlehnung an Xenophon und angesichts der Eroberungspolitik Alexanders des Großen argumentiert Aristoteles, dass der Herrschaftsanspruch der Griech_innen auch geographisch festgeschrieben sei – durch die angebliche geographische und klimatische Mitte Griechenlands, die Zentrumsposition.

17. Wie alt ist die Physiognomie? In einflussreichen philosophischen Schriften der Antike wurden Theoreme bemüht, die später im Rahmen des wissenschaftlichen Rassismus als *weiße* Selbstverortung («überlegene Rasse») mit neuer theoretischer und politischer Konsequenz umgesetzt werden sollten. Dazu zählt die kulturelle Interpretation geographischer und klimatischer Unterschiede, verbunden mit Grenzziehungen am Körper, die in den Ansätzen der Physiognomie ihren Höhepunkt findet. Diese Wissenschaft, die ursprünglich aus Mesopotamien stammt, geht davon aus, dass Klima und weitere Umweltfaktoren körperliche Eigenschaften beeinflussen und dass von äußerlichen Merkmalen eines Menschen auf seinen Charakter, seine Anlage und seine Bestimmung geschlossen werden könne.

Dreierlei wird dabei vorgenommen: 1. das Beschreiben physischer Unterschiede zwischen Menschen, 2. die Gruppierung von Individuen in Typen und 3. das Vergleichen von Menschen mit Tieren. Aus den klimatheoretisch begründeten Differenzen werden kollektive Eigenschaften abgeleitet, die generationell vererbt würden.

Die kulturelle Identität der Griechen konstituiere sich durch eine gemeinsame «reine Herkunft», als kollektive (nicht zwangsläufig individuelle) Abstammung. Dies verteidigten die meisten griechischen Städte ab der Mitte des 5. Jahrhunderts v. Chr. durch ein *jus sanguinis*.

Römische Historiker oder Politiker interessierten sich ebenfalls für Abstammungsfragen und ebenso wie die Griech_innen idealisierten sie Konzepte von unvermischter Herkunft, reiner Abstammung und Autochthonie. Dies lässt sich auf den anders angelegten Gründungsmythos Roms zurückführen und korrespondiert damit, dass es in Rom kein «Mischehenverbot» gab und freigelassene Sklaven zu römischen Bürgern und im Laufe mehrerer Generationen auch zu unmarkierten Freien werden konnten – während in Athen der freigelassene Sklave und seine Kinder maximal den Status eines Metöken, eines Freien ohne Bürgerrechte, erlangen konnten.

18. Was hat Platon mit Euthanasie zu tun? Im Rahmen der Verteidigung der «reinen Abstammungslinien» tauchen bei einigen antiken Denkern wie etwa Platon, wie der israelische Altertumsforscher Benjamin Issak festhält, erste Ansätze dessen auf, was Francis Galton 1883 als «Eugenik» bezeichnen wird. Gemeinhin werden zwei eugenische Vorgehensweisen unterschieden. Erstens die so genannte «negative Eugenik», die Verhinderung und/oder Beseitigung von Nachwuchs, der von den Autoritäten als unerwünscht eingestuft wird, was in der Antike durch Aussetzung oder Tötung von Kindern und in der Moderne durch Asylierung, Zwangssterilisierung, Abtreibung und Euthanasie erwirkt wurde. Zweitens das Ansinnen, durch selektierende Zucht einen überlegenen Menschentyp zu formen. Bei Platon – wie auch bei seinem Schüler Aristoteles – finden sich Ansätze zu beiden Verfahren. In der *Politeia* plädiert er für eine staatliche Geburtenkontrolle und schlägt vor, die Methoden, die zur Reinhaltung von bestimmten Hunde- oder Pferderassen verwendet werden, auf seinen idealen Staat zu übertragen. Dabei sei per Gesetz zu regeln, wer wann und mit wem Kinder zeuge. So sei es wichtig, «dass jeder Trefflichste der Trefflichsten am meisten beiwohnen» sollte, «die Schlechtesten aber den ebensolchen umgekehrt.» Die Kinder der «Trefflichen» sollten unter besonderer Obhut aufgezogen werden, die «der schlechteren aber, und wenn eines von ihnen verstümmelt geboren ist», seien, «wie es sich ziemt, in einem unzugänglichen und unbekannten Orte [zu] verbergen.» Auch wenn letztlich offen bleibt, welches Schicksal diese Kinder zu erwarten haben, so scheint die Eliminierung von Kindern, die dem Eliteverständnis nicht entsprechen, mindestens möglich.

19. Gab es schon in der Antike rassifizierende Deutungen von «Hautfarbe»? Dass wir «Hautfarben» sehen, lehrte uns der Rassismus und bezog dabei Anleihen aus der christlichen Farbsymbolik, die wiederum bis in die griechische Antike zurückverfolgt werden kann. «Hautfarbe» wurde dort klimatheoretisch erklärt, geopolitisch verortet und zur Hierarchisierung von Kulturen herangezogen. Die Zentrumsposition und damit die von Norm(alität) und Macht hatte die «Hautfarbe» der Griechen, *andreíkelon*, was wortgenau als «wie ein Mann» zu übersetzen wäre und damit alle Menschen ohne *andreíkelon* als jenseits des Mensch-Seins auffasst – das betrifft Weiße wie Schwarze.

Weiß galt als «Hautfarbe» der Perser_innen und Völker des extremen Nordens, wie etwa der Skythen. Während «weiße Hautfarbe» als «barbarisch» angesehen wurde, galt weißer Teint gleichzeitig als charakteristisch für Griech_innen, deren Leben im Haus zentriert war – Frauen und Philosophen. Daher kamen dem hellen Teint auch positive Eigenschaften wie Schönheit, Tugend und Vergeistlichung zu. Eine solche Ambivalenz gab es bezüglich der Verortung von Schwarzen nicht.

Als Schwarze galten Ägypter_innen und Äthiopier_innen, wobei letztere Bezeichnung alle Afrikaner_innen meint, die keine Ägypter_innen sind. Äthiopisch lässt sich etymologisch von dem Griechischen [*aethio*] «ich brenne» und [*ops*] «das Gesicht», also «verbranntes Gesicht» herleiten. Schwarz als Farbe von Haut wird so klimatheoretisch mit ausgetrockneten Haaren und minder bemittelten Hirnen zusammengedacht und geopolitisch zum Logo Afrikas und seiner Menschen. In der griechisch-römischen Literatur finden sich zahlreiche Belege dafür, dass Schwarze als böse [*kakoētheian*], barbarisch [*oxy*] und unzivilisiert [*apolitikon*] konzipiert werden. Diese dämonisierende Situierung von Schwarzen steht diskursanalytisch gesehen nicht im Gegensatz zu exotisierenden Projektionen, die Schwarze als fruchtbar und (sexuell) begehrenswert entwerfen. So wurden etwa unter Griech_innen Bilder von Schwarzen als Amulette oder Fruchtbarkeitssymbole verwendet. Jenseits von «Hautfarbe» galt Schwarz zudem als Farbe des Bösen, speziell von Geistern und Dämonen (*daimōn*), als Farbe von Tod und Kummer.

20. Was hat Rassismus von der christlichen Farbsymbolik gelernt?
Weiß gilt in der christlichen Religion als Farbe des Göttlichen und

seiner Engel, des Himmlischen und seiner Transparenz, steht für Schönheit und Verheißung, für Licht und Helligkeit. Schwarz verkörpert das Monströse des Teufels und die Untiefen der Hölle. Schwarz symbolisiert Hässlichkeit, Sünde, Schuld, Schande, die Notwendigkeit von Sühne und Buße und bedeutet die Abwesenheit von Schönheit und Moral.

Das hat sich auch in Kontexte eingeschrieben, denen scheinbar nichts Religiöses innewohnt – oder warum tragen wir gern eine weiße Weste, möchten aber nicht das schwarze Schaf sein? Weiß ist die Farbe der Unschuld und deswegen tragen wir eine weiße Weste, wenn wir uns keiner Schuld bewusst sind. Wir fühlen uns erhellt, wenn wir etwas verstehen, und etwas liegt im Dunkeln oder wird dunkel erinnert, wenn die Erinnerung Lücken aufweist. Daher gilt Schwarz vielen von uns als Farbe des Bösen und in einer schier endlosen Liste, die von «Schwarzfahren» über «Schwarzmärkte» bis zu «Schwarzarbeitern» reicht, gebrauchen wir Schwarz als Farbe des «Illegalen», aber auch, wie beim schwarzen Schaf, das es tatsächlich gibt, des «Andersseins».

Rassismus machte sich die christliche Farbsymbolik zunutze und verstärkte sie zugleich. Vom Ansatz, Weiß als Farbe des Göttlichen, Guten und Überlegenen zu sehen, war es ein naheliegender Schritt, Christen als *weiße* Menschen zu konzipieren. Dabei lief ein Abstraktionsprozess ab, der Schattierungen von Beige bis Rosa als Weiß und, analog dazu, verschiedene Beige- und Brauntöne als Schwarz bestimmte.

Diese Konzeptionen von Schwarz und Weiß ließen ihrerseits Deutungen von «Hautfarbe» zu, die nunmehr, das griechische Ideal des *andreíkelon* aufgebend, Weißsein die Macht der Norm(alität) zuwiesen. Dabei wurden bestehende Sichtweisen von Weiß als Symbol überlegener Schönheit verstärkt und um Konnotationen wie Moral, Reinheit, Unschuld oder Jungfräulichkeit ergänzt. Negative Konnotationen, die in der griechischen Antike dem Weißsein anhafteten, wie etwa weibliche Feigheit, wurden jetzt auf Schwarze übertragen und charakterisierten People of Color. Schwarzsein wiederum galt als Schauplatz von fehlender Moralität, von Hässlichkeit und Promiskuität, Schande, Sünde und Ungehorsam sowie von sexueller und körperlicher Abnormalität.

Diese Farbsymbolik verbreitete die Malerei im Mittelalter und in der Neuzeit und erlangte im 15. und 16. Jahrhundert mit Michelangelo, Raffael oder da Vinci einen neuen Höhepunkt. Menschen *weißen* Teints werden, von (göttlichem) Licht durchflutet und von Engelwesen umrahmt, zu Symbolen christlicher Reinheit, während Schwarze als antithetisch ergänzte Randfiguren mit der Hintergrunddunkelheit verschmelzen. «Die 10-Gebote-Tafel» von Lucas Cranach d. Ä. von 1516 ist ein Beispiel aus der deutschen Gemäldegeschichte. Während ausschließlich Weiße das rechte Verhalten vorleben, werden die Sünden von monströsen Gestalten verkörpert, die meist weiblich und zudem Schwarz sind.

Auch in der Literatur wurde dieser Topos verbreitet. 1507/08 dichtete William Dunbar in «The Lady with the *Meikle Lips*» über eine versklavte Schwarze Frau, die einem Turnier nicht als Trophäe, sondern als Schandmal dient: der Verlierer ist verdammt, ihre Hüfte zu küssen. Ihre Hässlichkeit ist so vollkommen, dass sich die Sonne am Tag ihrer Geburt mit einer Sonnenfinsternis behalf. Sie hat «volle Lippen», ihre Gesichtszüge vergleicht er mit denen eines Affen, einer Katze und einer Kröte. Ihr Leib gleiche einem Teerfass und ihre Haut glänze von vergeblichen Versuchen, sie reinzuwaschen.

In der Bibel wird nicht ausdrücklich von «Hautfarben» gesprochen (außer z. B. in Jeremia 13,23), was dazu führt, dass Adam und Eva sowie Maria, Joseph und Jesus entgegen archäologischer und religionsgeographischer Befunde in Deutschland gemeinhin als *weiß* wahrgenommen werden. «Hautfarbe» spielt bei Isaaks und Rebeccas Sohn Esau eine Rolle. Sie «war rötlich, ganz rau wie ein Fell» (1. Mose 25,25). Seine Position als Außenseiter deckt sich damit, dass er sein Erstgeburtsrecht an seinen Bruder Jacob für ein Linsengericht verkauft und es Gottes Wille ist, dass er ein Volk repräsentiert, das dem des jüngeren Bruders als unterlegen gesetzt wird (25,23). Während Jacob als Stammvater der Israeliten gilt, gilt Esau als Stammvater der Edomiter (Edom bedeutet «rot»). Auch im Fluch, den Noah seinem Enkel Kanaan auferlegt (1. Mose 9), spielt «Hautfarbe» eine, wenn auch implizite, Rolle. Als Ham seinen nackten betrunkenen Vater anschaut statt ihn - wie seine Brüder Sem und Japeth - blicklos zu bedecken, wird er, ebenso wie sein Sohn Kanaan und damit all ihre Nachfahren, dazu verdammt, Japeth und Sem und deren Nachfahren zu dienen. Unzählige Philosophen und Theologen haben diesen Fluch herangezogen, um die europäische Versklavung von Afrikaner_innen als rechtens zu deklarieren. Ham geht etymologisch auf «dunkel» und «heiß» zurück. Dazu passt, dass Ham und Kanaan als Stammväter vieler afrikanischer (und einiger asiatisch-arabischer) Kulturen gelten, während Japeth in der biblischen Genealogie der Stammvater zahlreicher europäischer Völker einschließlich der Griech_innen ist – und Sem wiederum der Stammvater des jüdischen Volkes und in heutiger Kartographie auch der Völker des Nahen Ostens.

Letztlich hat sich die christliche Farbsymbolik in Konstruktionen von «Hautfarbe» eingeschrieben. Schwarze Schafe mag es geben, die Redewendung aber will uns zeigen, dass zur Norm nur gehört, wer so ist, wie die Mehrheit – die weißen Schafe.

21. Was erzählt uns die «Hautfarbe» von Parzivals Bruder? Parzival, Wolfram von Eschenbachs berühmter Gralssucher, hatte einen Halbbruder namens Feirefiz, gezeugt von ihrem gemeinsamen Vater Gahmuret und Belacane, einer Schwarzen Königin. Die beiden verband «süezer minne» [süße Liebe] (I.1 44 28). Dies könnte die Auffassung bestätigen, dass «Hautfarben» im Mittelalter noch nicht als Orte symbolischer Positionen und Differenzen galten. Doch nur zwei Zeilen später wird genau diese «Ungleichheit» als Vokabel aufgerufen, wenn es heißt: «ungelîch war doch ir zweier hût» [doch die Farbe ihrer Haut war verschieden]. Weiterhin heißt es, dass Gahmuret «daz swarze wîp/Lieber dan sîn selbes lîp» hatte, «er seine dunkle Gattin mehr als das eigene Leben» liebte. Auch andernorts spielt Belacanes «Hautfarbe» eine Rolle, etwa wenn sie als «daz swarzevel» [«Dunkelhäutige»] bezeichnet oder betont wird, dass Belacane Gahmuret mit ihrer «swarzer hant» [schwarzen Hand] verführt.

Hier zeigt sich, dass Wolfram von Eschenbach das Sehen von «Hautfarbe» geläufig war. Welche Bedeutung kommt ihr aber in seinem Text aus dem 12./13. Jahrhundert zu? Eine Antwort findet sich in der Szene, in der Gahmuret (die schwangere) Belacane verlässt. Er versichert ihr, dass dies nichts mit ihrer «swerze» [ihrem Schwarzsein], sondern allein mit ihrem Glauben zu tun habe. Gerade weil er «Hautfarbe» überhaupt einführt im Sinne von «es macht mir nichts aus, dass du Schwarz bist», fungiert diese als symbolischer Ort religiöser Differenz.

Während «swerze» [Schwarzsein] eindeutig mit dem Islam verschränkt ist, erfolgen analoge Gleichsetzungen von Weißsein und Christentum nur indirekt. Weder Parzival noch seine Mutter Herzeloyde werden explizit als Weiße markiert. Jedoch werden etwa die

Hände von Herzeloyde als «linden handen wîz» [lindenweiße Hände], also als zart und weiß und damit als wahres Meisterwerk Gottes, beschrieben. Zudem wird ihr Weißsein, metaphorisch an die christliche Symbolik von Licht anknüpfend, darüber markiert, dass sie in Helligkeit erstrahlt. Wie bedeutsam die Differenz von «Hautfarben» für Wolframs Text ist, zeigt sich daran, dass das Kind, das Belacane, kurz nachdem Gahmuret sie verlassen hat, zur Welt bringt, «zwiefarben» ist: «Haut» und «Haare» waren weiß und schwarz gescheckt, heißt es, wie das Gefieder einer Elster. Nomen est omen, denn sie nennt ihn Feirefiz – *gesprenkelter Sohn*. Auch die Zweifarbigkeit wird als «ein Wunder Gottes» bezeichnet. Belacane bedeckt allerdings allein Feirefiz' weiße «Hautstellen» mit Küssen: Wolfram lässt sie also Weißsein dem Schwarzsein überordnen.

Die sich hier andeutende Wertung wurde bereits in den Eröffnungszeilen vorweg genommen, in denen die Elster-Allegorie einführend farbsymbolisch verortet wird. In der Logik der christlich konturierten Farbsymbolik wird das Weiß (der Elster) als Farbe von Mannesmut, Ruhm, Festigkeit, Licht und des Himmels verortet und dabei antithetisch dem Schwarz (der Elster) als Schauplatz von Feigheit, Schmach, Finsternis und Hölle gegenübergestellt.

Seine weißen Hautflecken ermöglichen es Feirefiz, im Unterschied zu seiner Mutter, in Europa und unter Christ_innen zu leben. Jedoch sorgen die schwarzen Hautstellen gleichzeitig dafür, dass er Parzivals antithetisches «Anderes» bleibt. Feirefiz ist bemüht, sein Nicht-dazu-Gehören zu überwinden, sich zu integrieren, wenn man so will. Während es Belacane bei der Absichtserklärung, sich christlich taufen zu lassen, belässt, geht Feirefiz gänzlich überzeugt diesen Schritt. So kann schließlich auch er den Gral sehen und sogar die Gralshüterin heiraten. Doch Parzivals Welt erlaubt ihm nur scheinbar einzutreten. Denn dieser fordert ihn auf, dahin zurückzugehen, wo er hergekommen ist – und zwar nach Indien, wie der Orient jetzt geographisch präzisiert wird. Dies zeigt, dass Feirefiz ein «Fremder» in Europa bleibt, der nicht dazu gehören kann – weil er als Moslem geboren wurde, was ihm auf den Körper geschrieben bleibt. Während in anderen mittelalterlichen Dichtungen, wie der Romanze *King of Tars*, die Konvertierung zum Christentum auch mit einer Weißwerdung der Figur einhergeht (oder auch dem Ablegen bestialischer Körpermerkmale), gibt es keine Hinweise darauf, dass sich Feirefiz' «Hautfarbe» ändert.

Belacane und Feirefiz widersprechen der These, dass Hautfarbe im 12./13. Jahrhundert keine Rolle spielte. Vielmehr bezeugen sie, dass religiöse und kulturelle Unterschiede bereits damals hautfarbenkodiert waren. Dabei verschmilzt die Schwarz-Weiß-Dichotomie mit jener zwischen Islam und Christentum, wobei Islam ebenso wie Schwarzsein als dem *weißen* Christentum unterlegen verortet wird. Wolframs von Eschenbach *Parzival* ist ein kultur-historisches Dokument dafür, wie «Hautfarbe» bereits im Mittelalter als Differenzkategorie fungierte.

22. Warum führt der Jakobsweg in die spanische Reconquista?

Mit der spanischen Reconquista ist die Rechristianisierung gemeint, die den jahrhundertelangen Kriegen um die Vorherrschaft auf der iberischen Halbinsel folgte. In Portugal ist 1249 der Kampf beendet worden. Dieser Sieg ging mit der Verbannung der Moslems einher. Der einzige muslimische iberische Staat, das Emirat von Granada, wurde ein Vasallenstaat Kastiliens. 1492 musste der letzte islamische Herrscher Granadas sein Königreich der spanischen Königin Isabella I. unterwerfen.

Dem umstrittenen Interpretationsbegriff «spanische Reconquista» wohnt die Auffassung inne, dass Spanien und Portugal *natürliche* Eigentümer der iberischen Halbinsel seien. Auch das Pilgern auf dem Jakobsweg kommt einer solchen pan-christlichen Parteiergreifung gleich, führt doch der Jakobsweg nach Santiago de Compostela und zum Grab des heiligen Jakob. Dieser Apostel erschien, der Legende nach, im Jahr 844, um die zahlenmäßig unterlegene christliche Armee im Kampf gegen die Armee des Emirs von Cordoba zu unterstützen. Die spanische Krone gewann diese Schlacht und Jakob wurde zum Schutzpatron namens Santiago de Matamoros – ist nomen omen, dann bestand seine Tugend darin, dass er Muslim_ innen tötete (mata), die rassistisch (moros) benannt wurden.

Santiago de Matamoros in gleißendes Licht und helle Gewänder zu kleiden, gehört zur Rezeptionsgeschichte dieses streitbaren Schutzpatrons. Hier deutet sich an, wie wichtig Konstruktionen um «Hautfarbe» für die der spanischen Reconquista immanente These sind, der Islam sei dem Christentum unterlegen und habe in Europa nichts zu suchen. Grundsätzlicher noch steht die spanische Reconquista für ein sich radikalisierendes *weißes* christliches Glaubens- und Kulturverständnis, das eine Unvereinbarkeit des christlichen Europas mit Muslim_innen, Jüd_innen und Roma proklamierte.

Im Zuge der Reconquista wurden viele Jüdinnen und Juden zur christlichen Taufe gezwungen. Unabhängig davon wurden sie von den so genannten Altchristen weiter diskriminiert. Es ging um rassistische Vorstellungen, die die Reinheit des Glaubens an eine Reinheit des Blutes banden. So erklärten etwa die Ratsherren von Toledo 1449, dass alle Menschen jüdischer Abstammung «von Rechts wegen für ehrlos, ungeschickt, unfähig und unwürdig gehalten werden sollen, irgendein Amt zu bekleiden oder eine öffentliche oder private Pfründe in ... Toledo ... innezuhaben ... Sie werden auch für unfähig erklärt, als öffentliche Schreiber oder als Zeugen Zeugnisfähigkeit und Glaubwürdigkeit geltend zu machen ... und über Altchristen des heiligen Glaubens Herrschaft auszuüben.» Dieses Gesetz der *limpieza de sangre* (Blutreinheit) wurde von weiteren spanischen Städten eingeführt und mündete schließlich darin, dass im Zuge der sich vollendenden Reconquista 1492 Jüdinnen und Juden aus Spanien verbannt wurden. Moslems hingegen sollten hohe Steuern zahlen, um ihren Glauben ausüben zu dürfen. Diese wiederum gehörten zum Finanzpaket, das Columbus erhielt, um 1492 seine Reise antreten zu können. Damit symbolisiert das Jahr 1492 die enge Verzahnung von anti-islamischem Rassismus, Judenfeindlichkeit und kolonialem Rassismus.

23. Was entdeckte Christoph Columbus? 1492 – ein Epochenjahr, das sich mit der «Entdeckung» Amerikas durch den Italiener Christoph Columbus verbindet. Dem Wortsinn nach steckt in «entdecken», dass eine Decke oder Bedeckung entfernt bzw. abgenommen wird. Seit dem 16. Jahrhundert lässt sich die bis heute gebräuchliche Verwendung nachweisen, dass jemand etwas entdecken kann und «durch Auffinden von Unbekanntem die Welt erweitern kann». Unbekannt meint, was Menschen nicht bekannt ist. Was aber Menschen bekannt ist, kann nicht entdeckt werden. In diesem Sinne können Naturgesetze und chemische Elemente entdeckt werden. Während es hier einen Urheberschaftsschutz gibt, ist dies bei Pflanzen und Tieren etwas komplizierter. So wurde z. B. 1901 in europäischen Medien gemeldet, dass das Okapi in den Regenwäldern des Kongo entdeckt worden sei. Nun ist das Okapi ein pferdegroßes Tier, das Menschen, die seit Jahrtausenden in dieser Gegend lebten, natürlich längst bekannt war. «Entdecken» meint hier also offenbar, dass das Okapi das erste Mal von einem *weißen* Menschen gesehen – und wissenschaftlich erfasst – wurde. Implizit wird damit Afrikaner_innen, die schon lange vor 1901 auf Okapi gestoßen waren, nicht nur die Fähigkeit zum «wissenschaftlichen Verständnis», sondern auch die Begabung zur Vernunft abgesprochen. Ähnlich verhält es sich mit Flüssen, Bergen, Seen und erst recht mit Inseln und ganzen Kontinenten, die bereits besiedelt und daher Menschen vertraut waren. Spricht man davon, dass diese «entdeckt» wurden, so bleibt man der kolonialistischen Praxis verhaftet, den dort lebenden Menschen letztlich das Mensch-Sein abzusprechen. Dies wurzelt in dem Streben, das Stehlen von Land dadurch zu legitimieren, dass man die koloniale Welt als «weiße Flecken auf der Landkarte» verkaufte, als terra incognita und terra nullius – eine Denkweise, die auch dem Begriff «Neue Welt» innewohnt. Denn neu war sie allein für jene, die sie bisher nicht gekannt hatten und diese sich nun unterwarfen.

Allein in diesem Sinne hat Columbus – überrascht, dass er nicht, wie «wissenschaftlich» geplant, in Indien angekommen war – die Amerikas «entdecken» können. Dass er seinen «wissenschaftlichen» Irrtum auch noch veredelte und die dortigen Menschen nach seinem Ursprungsziel benannte, gehört zu den wirkungsvollsten Kuriositäten der Weltgeschichte. Bis heute huldigen wir dieser «europäischen Wissenschaft», wenn wir die vielen verschiedenen Gesellschaften und die Menschen, die die Amerikas vor den Europäer_innen besiedelten, kurzerhand als «Indianer» bezeichnen.

Abgesehen davon, dass Wikinger um Leif Eriksson bereits 500 Jahre vor Columbus in Nordamerika waren, steht die Crew um Columbus historisch also weniger für die «Entdeckung» der Amerikas, sondern vielmehr für den Beginn ihrer europäischen Unterwerfung. Der koloniale Terror in den Amerikas wurde nicht nur vom Widerstand der betroffenen Gesellschaften begleitet. Von Beginn an gab es auch in Europa und unter beteiligten Weißen kritische Stimmen. Berichte über die zahllosen Massaker an den amerikanischen Bevölkerungen schockten Spaniens Öffentlichkeit. 1542 erließ der spanische König auch in Reaktion darauf das erste Gesetz zur Abschaffung kolonialer Sklaverei, das jedoch infolge massiver Proteste der Landbesitzer_innen ausgehebelt wurde.

Columbus wiederum war kein Kritiker der Gewalt, sondern einer ihrer Protagonisten. Von Isabella I. mit 10 Prozent am Profit der Reisen beteiligt, beraubte er die einheimischen Bevölkerungen mit einem hohen Eigeninteresse. Dabei beteuerte er gegenüber der Königin, dass er ihre Politik, Islam und Judentum aus Spanien zu vertreiben, in den Amerikas durch eine konsequente Politik christlicher Missionierung weiterführen werde. Derart motiviert beteiligte er sich selbst an zahlreichen Massakern.

24. Wohin führten für Millionen versklavte Afrikaner_innen die «gates of no return»? Afrikanische Sklav_innen gab es in Europa bereits in der Antike. Als Beginn des europäischen Versklavungshandels gilt das Jahr 1441. Portugiesische Händler fuhren seit einiger Zeit die westafrikanische Küste entlang, um arabische Handelswege in Afrika zu umgehen. In jenem Jahr nahmen Händler an der Küste des heutigen Marokko einen Mann und eine Frau gefangen, die sie Heinrich dem Seefahrer (Königssohn in Portugal) «schenkten». Bald darauf wurden Afrikaner_innen auf portugiesischen Märkten als Sklav_innen verkauft. In weiten Teilen Europas wurde es zum Statussymbol, Schwarze als Sklav_innen zu haben. Papst Nikolaus V. legitimierte 1452 «Aus göttlicher Liebe zur Gemeinschaft» die Versklavung von Nichtchrist_innen. Die Nachfrage nach Sklav_innen erhöhte sich rasant, an der Westküste Afrikas wurden erste Sammelpunkte für versklavte Menschen errichtet. Gleichzeitig begann der Aufbau von Zuckerrohrplantagen.

Der ökonomische Gewinn, der sich aus der Nachfrage nach Zucker und dem Einsatz nicht-entlohnter Arbeitskräfte ergab, war für Europa immens. Nach 1492 weitete Europa die Plantagenökonomie auf die Amerikas aus. Dies beinhaltete Landraub und Massenmorde an den einheimischen Bevölkerungen der Amerikas. Kaum zehn Prozent überlebten diesen Terror. 1510 erfolgten die ersten Deportationen von Afrikaner_innen in die Karibik. 1526 segelte das erste Schiff mit Sklav_innen direkt von Afrika in die Amerikas. Bis 1540 waren bereits 15 000 versklavte Afrikaner_innen in die Karibik verschleppt worden. Nach Brasilien kamen zwischen 1530 und 1550 etwa 25 000 Sklav_innen. Als John Hawkins 1562 im Auftrag Ihrer Majestät sechs portugiesische Schiffe kaperte und 300 versklavte Menschen dabei raubte, begann die portugiesische Vormachtstellung im europäischen Menschenhandel mit Afrikaner_innen zu bröckeln. Bis zum 17. Jahrhundert verlor Portugal diese endgültig, Gleiches galt für Spaniens Monopolstellung in der Karibik. Gleichzeitig unterwarfen

Europäer_innen immer mehr Territorien in den Amerikas, die Zahl der Deportierten nahm rasant zu. Für die 1680er Jahre geht man von etwa 10 000 jährlich verschleppten Menschen aus, um 1720 herum waren es bereits 50 000. Im 18. Jahrhundert pendelten hunderte europäische Schiffe unentwegt zwischen Afrika und den Amerikas. Vor allem der Anbau und die Verarbeitung von Baumwolle verlangten nach Millionen Arbeitskräften.

Es gibt keine genauen Zahlen darüber, wie viele Afrikaner_innen insgesamt zu Sklav_innen gemacht wurden. Von den allermeisten sind nicht einmal ihre Namen überliefert, etwa ein Viertel waren Kinder. Historiker_innen gehen davon aus, dass zwischen dem frühen 16. Jahrhundert und 1867 bis zu 30 Millionen Afrikaner_innen versklavt wurden, von denen nur geschätzte 12 Millionen in den Amerikas ankamen.

Millionen versklavte Afrikaner_innen starben bereits auf dem Weg aus dem Landesinneren an die Küsten, oft, weil sie sich widersetzten und dabei verletzt oder getötet wurden. An den Küsten wurden Festungen gebaut, in denen die Verschleppten oft monatelang in dunklen, kalten und feuchten Gruften buchstäblich gestapelt wurden. Krankheiten wüteten und kosteten Millionen Menschen das Leben. Diese grausamen Lebensbedingungen haben gar nichts mit einem Schloss oder einer Burg zu tun und doch wurden diese Festungen im zynischen Kolonialjargon oft «slave castles» genannt. Auch der Begriff der «Middle Passage» überdeckt jene Grauen, die die etwa zweimonatigen Zwangsüberfahrten zwischen Afrika und den Amerikas begleiteten. Mehr als 18 Millionen Afrikaner_innen wurden durch schmale Pforten auf die Schiffe getrieben, die sie in die Amerikas bringen sollten. Dass diese Pforten «gates of no return» genannt wurden, spiegelt wider, was die Afrikaner_innen erwartete. Heute wird davon ausgegangen, dass möglicherweise bis zu sechs Millionen Menschen bereits während dieser qualvollen Zwangsüberfahrt starben. Gebrandmarkt wie Tiere und gewogen wie eine Ware wurden die Afrikaner_innen nackt und in Ketten auf die Schiffe getrieben. Manche mussten sitzen, andere auf der Seite liegen. Sie wurden gezwungen, inmitten von Urin, Fäkalien und Blut sowie Maden, Ratten, Bakterien und Viren zu überleben. Viele erkrankten und wurden oft noch lebend in den Ozean geworfen. Andere flüchteten freiwillig in den Tod, manche schafften es zu rebellieren und bezahlten dies mit Folter und Tod. Gewalt war die

Sprache der *weißen* Besatzung, Vergewaltigung gehörte zu deren täglichen Vergnügen. So wurde der Atlantik Zeuge und Schauplatz zahlloser Verbrechen und ein Massengrab geschundener Körper und Seelen. Die «gates of no return» haben die Weltgeschichte wie kaum etwas anderes einschneidend verändert – die Folgen sind bis heute überall präsent.

25. War die europäische Versklavung von Afrikaner_innen singulär? Die europäische Versklavung afrikanischer Menschen wird nicht selten mit anderen Formen der Sklaverei gleichgesetzt. Diese habe es schon immer überall gegeben, speziell in Afrika sei Sklaverei sehr verbreitet (gewesen), wobei der transsaharische Versklavungshandel, von dem arabische Gesellschaften profitierten, nur ein Beispiel von vielen sei. Selten wird unerwähnt gelassen, dass es afrikanische Zwischenhändler gab. All dies ist richtig und doch lässt sich in dieser Argumentation eine Strategie erkennen, die europäischen Massenverbrechen zu relativieren. Wird mit betontem Blick auf die Shoah analog davon gesprochen, dass es Pogrome gegen Jüdinnen und Juden schon immer und nicht nur in Deutschland gegeben habe, so kann das zu Recht als Relativierung des Holocaust verstanden werden. Sogar strafrechtlich kann dies in Deutschland geahndet werden.

Die europäische Massenversklavung von Afrikaner_innen unterscheidet sich in vielerlei Hinsicht von jeder anderen Form der Sklaverei. Zunächst einmal fanden neue Technologien, etwa der Schiffsindustrie, Anwendung, die dazu führten, dass die Zahl der versklavten Menschen ein nie zuvor gekanntes Ausmaß erreichte. Neben der technischen Form der Versklavung und der Anzahl der Opfer stellt auch die strukturell angelegte Grausamkeit ein Novum dar. Hinzu kam, dass die Sklaverei von einer breiten intellektuellen Schicht von Theologen, Juristen, Philosophen, Naturforschern, Medizinern, Anthropologen, Schriftsteller_innen u. a. verteidigt wurde. Da ihnen Rassismus als Legitimation diente, waren die versklavten Menschen – und dies ist eine Besonderheit dieser Ära der Versklavung – allesamt Schwarze. Ungeachtet ihrer vorherigen Stellung wurden sie als sozial tot verortet. Es entstand ein, wie Sabine Broeck schreibt, «menschliches Laboratorium von bis dato ungekannten Ausmaßen …, in dem versklavte menschliche Wesen gleichzeitig als Arbeitskraft, als Massenware und als Objekte sogenannter wissenschaftlicher Spekulation und moderner Wissensgier fungieren konnten.» Die postulierte

«Bürde des weißen Mannes», den «werdenden Menschen» Zivilisation zu lehren, ging einher mit einer umfassenden Zwangschristianisierung der Schwarzen Bevölkerung in Afrika und den Amerikas. Schließlich war auch die Rentabilität und Nachhaltigkeit des europäischen Versklavungshandels historisch neu. Jenseits der direkt am Menschenhandel beteiligten Strukturen und Personen erstarkte ganz Europa ökonomisch. Eine neue Wirtschaftsordnung globalen Ausmaßes formierte sich, von der Europa und später Nordamerika nachhaltig und bis in die Gegenwart profitierten.

26. Hat die Industrielle Revolution etwas mit der europäischen Versklavung von Afrikaner_innen zu tun? Seit dem 16. Jahrhundert gab es *weiße* Europäer, die ihren Lebensunterhalt damit verdienten, dass sie Afrikaner_innen verschleppten und deportierten, Aktien entsprechender Unternehmen erwarben oder diesen Waren wie etwa Ketten, Zwieback, Holzfässer oder Schiffe verkauften. Der Tauschhandel Ware – Mensch ging mit dem Anstieg der Versklavung zurück und verlor bald an Bedeutung. Oft wurde das im Verkauf gewonnene Geld auch in den Kauf von Produkten investiert, die afrikanische Arbeitskräfte geschaffen hatten. Dies brachte sowohl den Plantagenbesitzer_innen Profit als auch den Menschenhändlern, die die in Europa begehrten Waren verkauften.

Die Tätigkeit dieser privaten Unternehmen und Handelskontore sicherten die europäischen Staaten mit der Vergabe von Monopolen, Lizenzen und anderen Rechten ab, wovon diese wiederum finanziell erheblich profitierten. Außerdem gelangten nun eine Reihe von Produkten als Massenware nach Europa (etwa Tabak, Tee oder Zucker), die ebenso zur wirtschaftlichen Stimulation beitrugen wie andere Güter (wie z. B. Baumwolle), die völlig neue Industriezweige hervorbrachten und zugleich industrielle Massenfertigungen und technische Neuerungen erheblich beförderten. Die gewaltigen Profite daraus flossen wiederum sowohl in die Industrialisierung wie in den Handel mit Schwarzen Menschen selbst. Das alles trug auch dazu bei, dass der europäische Handel mit Schwarzen zu einer ökonomischen Globalisierung führte. Bislang weit voneinander entfernte Regionen wurden politisch und ökonomisch miteinander vernetzt – allerdings auf der Grundlage einer umfassenden Ungleichheit und Ungerechtigkeit. Nutznießer waren Europa und zunehmend Nordamerika auf Kosten einer zügellosen Ausbeutung weltweiter natürlicher Ressourcen und der Unterdrückung von People of Color. Der Profit floss in die euro-nordamerikanische landwirtschaftliche und industrielle Infrastruktur. Die Industrielle Revolution ist ohne diese Prozesse historisch nicht zu erklären.

27. Profitierte Deutschland vom europäischen Versklavungshandel? Kolonialismus und Sklaverei stellten ebenso ein gesamteuropäisches Projekt dar wie die Etablierung des Rassismus als deren ideologische Säule. Die deutsche Aufklärung und speziell Kant, der den Begriff «Rasse» in Deutschland maßgeblich einführte, haben Sklaverei mitlegitimiert. Noch nach dem offiziellen Verbot des Handels mit afrikanischen Menschen attestierte Hegel dem afrikanischen Kontinent die Abwesenheit von Moral, sozialer Dynamik und Geschichte. Die Sklaverei könne den Afrikaner_innen lehren, was Freiheit sei, und erst wenn sie diese Lektion gelernt hätten, so könnten sie in die Freiheit entlassen werden.

Überdies waren Deutsche ab dem 15. Jahrhundert wirtschaftlich am Kolonialhandel beteiligt. Deutsche Zuckergesellschaften besaßen ebenso Anteile an anderen europäischen Unternehmen wie deutsche Handelshäuser Ländereien außerhalb Europas. Am Aufstieg der britischen Plantagenökonomie partizipierten deutsche Wirtschaftsunternehmen ebenso wie an dem damit verbundenen Handel mit afrikanischen Menschen. Deutsche waren nicht nur Teilhaber von Kolonialfirmen, sie unterhielten auch Reedereien, die direkt in den Handel involviert waren. Hinzu kam, dass deutsche Firmen durch die Produktion von Ketten und anderen Gütern, die dem Handel mit Menschen dienten, enorm profitierten.

Eine neue Form war die 1682 von Friedrich Wilhelm I., Kurfürst von Brandenburg, gegründete *Brandenburgisch-Africanische Compagnie*, die über eine eigene Flotte verfügte. Kammerjunker Otto Friedrich von der Groeben (1657–1728) wurde vom Kurfürsten mit dem Auftrag nach Westafrika entsandt, dort eine eigene Kolonie zu begründen. In den darauffolgenden Jahren wurden ein Stützpunkt sowie vier Handelsforts errichtet. Das größte war Groß Friedrichsburg im heutigen Ghana. Neben militärischem Personal lebten dort Handwerker, Barbiere, Schneider, Tischler, Schuster, Zimmermeister, Büchsenmacher, Schmiede, Maurer, Bäcker und Böttcher. Gehandelt wurde mit Gold, Elfenbein, Straußenfedern, Salz und Gummi. Groß Friedrichsburg war außerdem ein Ort, an dem etwa 30 000 versklavte

Menschen überleben mussten, bevor sie mit deutschen Schiffen in die Amerikas gebracht wurden.

Der Kurfürst war bemüht, dieses Gewerbe zu vergrößern, doch ein Aufstieg zu einer England, Frankreich oder Holland vergleichbaren Seemacht war keinem deutschen Staat möglich. Der Sohn des Kurfürsten, der sparsame Soldatenkönig Friedrich Wilhelm I., hatte kein Interesse daran, den Verbund von Kriegsflotte und Kolonien fortzuführen. 1717 verkaufte er sämtliche Kolonien.

28. Was ist Maafa? Der Begriff «Sklavenhandel» stammt aus einem Zeitalter, in dem kaum infrage gestellt wurde, dass Menschen als Ware gehandelt und damit in eine Reihe mit Tieren oder mit Gütern wie Tabak, Baumwolle oder Gewürzen gestellt wurden. Es ist ein historischer Fakt, dass Afrikaner andere Afrikaner_innen verschleppten und an Weiße verkauften. Das Gesamtsystem der europäischen Versklavung von Afrikaner_innen aber war auf die Zwischenhändler nicht angewiesen. John Hawkins berichtet schon im 16. Jahrhundert (stolz), wie er und seine Crew ins Hinterland vorgedrungen seien und Menschen mit Waffengewalt gefangen genommen hätten. Hinzu kommt, dass es sich ohnehin nie um einen gleichberechtigten Handel auf Augenhöhe handelte. So kann diese Kollaboration nicht davon ablenken, dass die Rolle, die den Afrikaner_innen von der Sklaverei zugedacht war, jene war, gegen ihren Willen «gehandelt», das heißt verschleppt, zu werden, nicht aber, profitierende Händler zu sein. Die Schwarzen Fänger waren jederzeit in Gefahr, selbst versklavt zu werden. Nicht die kollaborierenden Afrikaner, sondern die Weißen in den Amerikas und in Europa waren die Profiteure der Versklavung.

Durch die Deportation wurden aus freien Menschen Sklavi_innen, die jeden rechtlichen Anspruch verloren. Deswegen gab es auch keine Strafandrohung für *weiße* Männer, die eine Schwarze Frau vergewaltigten.

Um das Prozesshafte hervorzuheben (= Weiße versklaven Schwarze), ist es eher angemessen, von versklavten Menschen statt von Sklaven/Sklavinnen zu sprechen. Analog dazu kann der Begriff «transatlantischer Sklavenhandel» ebenso wie «Dreieckshandel» vermieden werden, indem von der Versklavung und Massendeportation von Afrikaner_innen gesprochen wird. Alternativ ist auch «europäische Versklavung afrikanischer Menschen» sinnvoll, da hier die betreffenden Akteure und Profiteure benannt werden.

In den USA wird zunehmend vom «Black» oder «African Holocaust» gesprochen. Der Rückgriff auf diesen Begriff soll die europäische Versklavung von Afrikaner_innen erinnerungspolitisch als Deportation und Genozid verorten, ohne dabei die Erfahrung der Shoah relativieren zu wollen. Parallel hat sich auch, vor allem befördert durch die afrikanisch-amerikanische Theoretikerin Marimba Ani, *Maafa* als Begriff für die europäische Versklavung von Afrikaner_innen etabliert. Er kommt aus dem Kiswahili, eine der wichtigsten afrikanischen Sprachen, die mehr als 80 Millionen Menschen sprechen. Maafa ist frei als Katastrophe, schreckliche Begebenheit und große Tragödie zu übersetzen. Dabei führt er gezielt Sklaverei, Kolonialismus, Imperialismus und Rassismus zusammen und spricht über die Gräuel der Sklaverei ebenso wie über den Widerstand, mit dem ihr begegnet wurde. «*Maafa* steht», merkt die Rassismusforscherin Nadja Ofuatey-Alazard an, «neben der Erfahrung des Traumas der Versklavung daher auch für die schöpferisch-widerständige Überlebensfähigkeit afrikanischer/afrodiasporischer Kulturen.» In dieser Mehrgleisigkeit spannt Maafa den Bogen bis in die Gegenwart hinein. Er spricht über koloniale Verbrechen und darüber, dass Strukturen und Annahmen der Sklaverei bis heute im kollektiven Gedächtnis als Rassismus fortleben.

29. Warum weißte sich Elisabeth I. und wer tanzte auf der Hochzeit von James I.?

Elisabeth I. (1533–1603), die im Alter von 25 Jahren den englischen Thron bestieg, wird oft jungfräuliche Königin genannt. Damit wird aus der königlichen Not, dass sie keine Kinder gebar, eine Tugend der Unschuld gemacht. Dies steht vermutlich im Zusammenhang mit der Tatsache, dass sie sich als weiß geschminkte Königin inszenierte. Auf zeitgenössischen und späteren Porträts erscheint ihr Gesicht oft wie in Kalk getaucht: sie steht im Zentrum einfallenden Lichtes und hat ein auffallend helles Gesicht, auf dem rote Wangen leuchten, was durch einen schwarzen, oft konturlosen Hintergrund noch verstärkt wird.

Hier präsentiert sich ein Schönheitsideal, das auf einem «hype of fairness» aufbaut, der in hohem Maße kosmetisch gewährleistet und literarisch exzessiv ausgemalt wurde. Gleichzeitig wandelte sich auch die Bedeutung des Wortes *fairness*: Es meinte nun ausdrücklich *weiße* Schönheit.

In Shakespeares Werk gehört dieses neue «fair» zu den zehn am häufigsten verwendeten Worten. Die «procreation sonnets» beginnen mit den Zeilen «From fairest creatures we desire increase». Gemeinhin wird angenommen, dass das lyrische Ich hier einen *weißen* jungen Mann besingt. Es gibt aber auch Ansätze, die diese Sonette und Zeilen als an Elisabeth I. gerichtet interpretieren. Dann hätten sie eine sehr kritische Auflehnung gegen ihre Kinderlosigkeit beinhaltet, die sie als tugendhafte Jungfräulichkeit ausgab und der andere Dichter huldigten. Edmund Spenser (1552–1599) preist in *The Fairie Queen* (1590) die Schönheit Elisabeth I. und vergleicht seinen poetischen Wunsch, *Fairieland* zu repräsentieren, mit den Bemühungen, die «Neue Welt» zu «entdecken».

Hier deutet sich an, dass es zu einseitig wäre, die (Selbst)Inszenierung von Elisabeth I. als «weiße Königin» allein als Strategie zur Verteidigung ihrer Kinderlosigkeit zu lesen. Elisabeth war es, die die Engländer_innen in den europäischen Handel mit Afrikaner_innen führte und bewirkte, dass die Portugiesen ihre diesbezügliche Vormachtstellung verloren und die spanische Flotte erheblich geschwächt wurde. Dass die bei der Verschleppung afrikanischer Menschen angewendeten Gewaltexzesse nicht mit den eigenen Idealen vereinbar waren, wurde von Intellektuellen wie Shakespeare (etwa in *Othello* oder *The Tempest*) dargestellt. Gegen solche Kritik etablierten sich Rechtfertigungspolemiken, die auf Konstruktionen von «Hautfarbe» aufbauten. In Anschluss an die christliche Farbsymbolik verkörperten Weißsein und ihr Aushängeschild, die *fairness*, Schönheit, Norm(alität) und Überlegenheit – und Schwarz, auch als durch «Hautfarbe» definierte Position, deren Gegenteil. Dies erklärt, warum *fairness* nun auch männlichen Körpern zugedacht werden musste – sie waren die Hauptakteure von Sklaverei und beginnender Kolonisierung.

Der von Elisabeth I. zelebrierte «hype of fairness» hatte großen Anteil daran, englisches Weißsein als überlegen zu inszenieren. Dabei waren ihr zwar Schwarze als Sklav_innen an ihrem Hof willkommen, jedoch beargwöhnte sie zugleich die Tatsache, dass mehr und mehr Schwarze Sklav_innen nach England gebracht wurden. Aus Furcht um das Weißsein ihrer Nation verfügte sie in Dekreten von 1596 und 1601, dass Schwarze aus England zu verstoßen seien. Zwar wurden daraufhin tatsächlich Sklav_innen an Portugal verkauft, allerdings ohne nachhaltige Folgen für deren Präsenz in England. Zu tief war England in die Versklavung Schwarzer Menschen verwickelt und zu groß das Interesse, davon weiter zu profitieren. Zu den traurigen Höhepunkten dieser Geschichte gehört es, dass Elisabeths Nachfolger James I. (1566–1625, Krönung als James I. 1603) anlässlich seiner Hochzeit mit Anna von Dänemark 1589 es als festlichen Genuss ansah, zehn versklavte Menschen nackt im Schnee tanzen zu lassen – getragen von der Idee, dass dies die Schönheit seiner Frau (die so weiß war wie Schnee, Schneewittchen erinnert an diese Schönheitsmetapher) unterstreiche. Was bestenfalls als Randnote der britischen Königsgeschichte bekannt ist, kostete diesen versklavten Afrikaner_innen, die erfroren oder an Lungenentzündung erkrankten, das Leben.

«Hautfarbe» erweist sich hier nicht mehr nur als Marker des «Anderen», sondern Weißsein als Schauplatz der «Norm» und als neue Qualität der «Hautfarbenkonzeption» in der Renaissance. Diese hat auch in der deutschen Sprache Spuren hinterlassen, etwa in der Redewendung, jemand habe «blaues Blut». Wer dieses habe, stamme dem allgemeinen Verständnis nach aus einer adligen Familie. Diese Abstammung ist über Blutsverwandtschaften garantiert. Dabei steckt im «blauen Blut» auch der Gedanke, dass die edle Abstammung sichtbar wird – unter der Haut schimmern Venen bläulich durch. Die Venen zeichnen sich umso deutlicher ab, je heller der Teint einer Haut ist. Hier stehen wir inmitten von Weißsein und einer Geschichte, in der Adlige sich nicht der Sonne aussetzen mussten – ein Privileg in agrarisch geprägten Gesellschaften. Im Kern hat also blaues Blut, wer noch *weißer* ist als andere Weiße.

30. War Shakespeares «dark lady» eine Schwarze Frau? In Shakespeares Sonetten 127–132 besingt das lyrische Ich die «raven black eyes» seiner «mistress». Sie seien «nothing like the sun», ihre Brüste nicht so weiß wie Schnee, sondern «dun» – das heißt im Mittelenglischen braun – und ihr Haar gleiche «black wires». Allgemein wird angenommen, dass Shakespeares Sonette gegen die poetische Kultur des Übertreibens von Schönheit Stellung beziehen und an der Schönheit nachgerade wertschätzten, dass sie immer kleine Makel habe. Gerade das mache sie und die besungene Frau so liebenswert.

Diese Frau ist als «dark lady» bekannt. Allerdings benutzte Shakespeares lyrisches Ich niemals das Wort «lady», wohl aber «slave». Freilich war dies eine gängige Metapher der Sonettenkultur. Das bedeutet aber nicht, sie nicht auch wörtlicher nehmen zu können. Hinzu kommt, dass «dark» in den Sonetten nur einmal verwendet wird, «Black» aber der konsequent gebrauchte Marker ist. Dies könnte Spuren in Richtung einer ganz anderen Lesart legen.

So fragte bereits 1861 der Shakespeare-Übersetzer Wilhelm Jordan, im Wissen, dass dies «noch nicht ausgesprochen ist und Manchem seltsam vorkommen wird», ob es sich bei Shakespeares «dark lady» nicht um eine Schwarze handeln könne. Zu Beginn des 20. Jahrhunderts argumentierte G. B. Harrison, der Ton der Sonette verrate, dass die adressierte Frau sozial tief stehend zu verorten sei und vieles dafür spreche, dass sich hinter der «dark lady» die Prostituierte des Gray's Inn, Lucy Negro, verberge, die er für eine Schwarze hält. Harrisons These stieß auf Kritik, sie sei geschmacklos und diskreditiere ihn, wenn er glauben könne, Shakespeare sei ein «fair enslaver» einer «blackmoor».

Seit den 1990er Jahren gewinnt diese These aber an Gewicht. Warum sollte Shakespeare das Wort *woman* benutzen, wenn er eine *lady* meint und mehr noch: Sollte der Meister des Wortes nicht gewusst haben, dass sich *darkness* semantisch von *blackness* unterscheidet? Warum sollte er in einer Zeit, in der *fairness* als Weißsein und Schwarz als symbolischer Ort für Sklav_innen etabliert war, über *blackness* dichten, wenn er die *darkness* einer *weißen* (adligen) Frau meint? Vieles spricht dafür, die *blackness* wörtlich zu nehmen und sie als Schwarze Frau zu erkennen.

Bedenkt man, dass Schwarz als symbolische Position im Elisabethanischen England Jüdischsein einschloss, könnte auch eine Jüdin die Muse hinter der Schwarzen Frau der Sonette sein – womöglich die Schriftstellerin Emilia Lanier, wie manche vermuten. Doch es finden sich auch Indizien dafür, dass die Besungene eine Frau afrikanischer Herkunft war, die Shakespeare im Londoner Gray's Inn getroffen haben könnte. Eine Schwarze Frau hätte in Shakespeares London kaum ein unabhängiges Gewerbe betreiben können, so dass zu vermuten ist, dass sie eine Schwarze Zwangsprostituierte war. Dadurch erscheinen auch die ihr in den Mund gelegten Bekenntnisse zum Hass in einem neuen Licht – und zwar als Worte des Widerstandes. Gleichzeitig ist es in einer Zeit, in der Elisabeth I. Weißsein als *fairness* zelebrierte, revolutionär, wenn Shakespeares lyrisches Ich die Schwarze Schönheit als Gegenbild, als neue Schönheit entwirft, und von einer Sexualität spricht, die die Zeugung von gemeinsamen Kindern nicht ausschließt. So gesehen verwundert es nicht, dass die

Sonette nicht eindeutig sagen, dass die Besungene eine versklavte Afrikanerin sei. Denn dies hätte dem Dichter ein qualvolles Ende im Tower einbringen können. Passen könnte eine solche poetische Figur zu Shakespeare allerdings, denn mit Othello führte er auch den ersten Schwarzen Protagonisten auf einer englischen Bühne ein, der sich ganz deutlich von den anderen Schwarzen Dramenfiguren seiner Zeit unterscheidet, die allein zur antithetischen Untermauerung *weißer* Tugenden auf der Bühne standen. Noch mehr sogar: Shakespeare stellt nicht Othellos Tat an den Pranger, sondern den Rassismus, der aus Othello einen Mann macht, der alle von Weißen gehegten Vorurteile von Emotionalität bis Grausamkeit zu bestätigen scheint.

Bis heute können sich Shakespeares *weiße* Erben mehrheitlich nicht zu der Annahme durchringen, dass der Autor der berühmten Zeilen «from fairest creatures we desire increase» Schönheit und Begehren in einer Schwarzen Frau gefunden haben könnte – und sei es auch nur in der lyrischen Imagination.

31. War Freitag gern Robinsons Sklave? Robinson Crusoe ist berühmt als schiffbrüchiger Held, der die Natur bezwingt und nahezu drei Jahrzehnte auf einer Insel lebt. Meist weniger bekannt ist, dass das gemeinsame Leben von Robinson und Freitag kaum ein Drittel des Romans umfasst und Crusoe zu Beginn des Romans selbst versklavt wird. Dabei wird aus der Ich-Perspektive Robinsons deutlich, dass diese Form der Sklaverei Unrecht ist – während er es für rechtens hält, People of Color zu versklaven. Robinson flieht zusammen mit zwei «moors», wie er sie nennt, doch nur seine eigene Freiheit betrachtet er als legitim. Als sie auf dem Fluchtboot zu verhungern drohen, wirft Robinson einen seiner beiden Begleiter kurzerhand über Bord. Als sie von Portugiesen gerettet werden, schenkt der dankbare Robinson ihnen den verbliebenen Xury als Sklaven und betont, dieser sei damit einverstanden und könne nach 10 Jahren seine Freiheit erlangen, wenn er zum Christentum konvertiere. Diese Freigiebigkeit bedauert er kurz darauf, als er selbst Plantagen- und Sklavenbesitzer in Brasilien wird. Um seine Plantage profitabler zu machen, beschließt er, sich Sklav_innen aus Afrika zu besorgen.

Diese Reise lässt ihn auf der Insel stranden. Als *homo oeconomicus* nimmt er von der Insel Besitz und lebt eine lehrbuchhafte Aneignung des kolonialen Raums vor. Mit Schrecken wird er mehr als 28 Jahre später feststellen, dass «seine Insel» gar nicht unbewohnt war. Jedoch wird sein Glaube, dass ihm die Insel gehöre, davon nicht erschüttert. Denn es sind nackte «savages», die er als (geschlechtslose) Kannibalen und nicht als Menschen wahrnimmt und die daher in seinen Augen keine legitimen Ansprüche auf Land und Leben besitzen. Als er einem von ihnen das Leben rettet – indem er einen Verfolger erschießt –, unterwirft sich der Gerettete. Er kniet vor Robinson nieder und bettet dessen Fuß auf seinem Kopf. Was auch aus nackter Angst geschehen sein konnte – der Knall von Robinsons Gewehr und dessen Fähigkeit, in der Ferne zu töten, dürften ihn in Schrecken versetzt haben –, wertet Robinson eindeutig und vom Text unhinterfragt als «token of swearing to be my slave forever». Er bringt ihm bei, dass er ihn «Master» zu nennen habe, während sein Name «Friday» sei – benannt nach dem Tag, an dem Robinson ihn gerettet habe. Dass es Robinsons Zeitrechnung ist, die den Schwarzen benennt und Robinson keinen Gedanken daran verschwendet, wie Fridays bisheriger Name lautete, ist eine koloniale Aneignungsgeste, die auslöscht, wer Friday bis zu dieser Begegnung war. Dieser widerspricht nicht, was ganz einfach daran liegt, dass die Erzählperspektive die Fokussierung auf Robinsons Sicht der Dinge zu keinem Zeitpunkt verlässt. An wenigen Stellen wird Friday (wie schon Xury) eine kleine Passage direkter Rede zugebilligt. Anders als Shakespeares Caliban, der ebenso redegewandt ist wie Prospero, sprechen sie über Gelüste nach Menschenfleisch und zwar in einem fehlerhaften Englisch, das an Kindersprache erinnert – Toni Morrison bezeichnet es als afrikanistisches Idiom – und sie daher zwangsläufig als Robinson intellektuell unterlegen erscheinen lässt. Dass sie eigene Muttersprachen haben, bleibt eine Leerstelle im Text. Dass sie überhaupt Englisch sprechen können und das «Privileg» besitzen, in Robinsons Nähe überleben zu können, ist konzeptionell eng mit ihrer Bereitschaft, Christen zu werden, verbunden. Friday wird diese Scharnierfunktion «rassentheoretisch» auf den Leib geschrieben.

Dass sich Robinson Crusoe als Lehrstück eines «Wie kolonisiere ich die Neue Welt» liest, ist gewollt. Daniel Defoe ist nicht nur als Pionier des englischsprachigen Romans bekannt, sondern auch des ökonomischen Journalismus. In zahlreichen Pamphleten und Zeitungsartikeln appellierte er an seine britischen Zeitgenoss_innen, sich verstärkt in koloniale Projekte einzubringen. Die Versklavung von Menschen stellt Defoe, der Aktieninhaber dieses Geschäfts mit Menschenleben war, als vergleichbar einträglich dar.

III. Rassismus seit der Aufklärung

32. Welche Rolle spielt Wissenschaft für Rassismus? Ab Mitte des 17. Jahrhunderts begannen europäische Wissenschaftler_innen, das Konstrukt «Rasse» zu fundieren. Ihre Grundannahmen brauchten sie nicht zu verbergen, weil der Kolonialismus ihrer «Erkenntnisse» politisch, ökonomisch und, so seltsam es klingen mag, ethisch bedurfte.

Einer der ersten, der den Begriff «Rasse» wissenschaftlich grundierte, war 1684 der französische Arzt François Bernier (1620–1670), der von den Nationalsozialist_innen als Begründer der «Rassenforschung» gewürdigt wurde. Der schwedische Botaniker und königliche Leibarzt Carl Linné (1707–1787) klassifizierte in seiner *Systema Naturae* (1735) Pflanzen und Tiere nach Gattung und Art – ein Modell, mit dem bis heute in Botanik und Zoologie gearbeitet wird. Auf ihn geht auch der Begriff *Homo sapiens* zurück, den er konzeptuell mit der Annahme verflocht, dass der «Homo Europaeus» den anderen drei «Rassen», die er bestimmte («rote Amerikaner», «gelbe Asiaten» und «schwarze Afrikaner»), überlegen sei. Etlichen Aufklärern diente sein Buch als Steilvorlage für die pseudowissenschaftliche Legitimation des Rassismus. In England stehen dafür David Hume (1711–1776) oder William Petty (1627–1687), in Frankreich George Louis Leclerc de Buffon (1707–1788), Voltaire (François-Marie Arouet, 1696–1778) oder Jean-Jacques Rousseau (1712–1778). Aus Deutschland gehören neben Immanuel Kant (1727–1804), Johann Friedrich Blumenbach (1752–1840), auf den der Begriff kaukasische Rasse zurückgeht, die allen anderen «Rassen» überlegen sei, und Christoph Meiners (1747–1810) zu den Begründern der «Rassenideologie».

Die Willkür, mit der körperliche Unterschiede dabei mit anderen Attributen verbunden und zu Ordnungsmustern zusammengefasst wurden, zeigt sich nicht zuletzt darin, dass es um 1790 mindestens sieben verschiedene Erklärungsansätze gab, die auf ganz unterschiedliche Zahlen vermeintlich existierender «Rassen» kamen – das Spektrum reichte von zwei (Meiners und Metzger) bis sieben «Rassen» (Hunter). Die meisten gingen wie Linné, Klugel und Kant von vier «Rassen» aus, Bernier und Hume identifizierten je nach Definition vier oder auch fünf «Rassen».

Diese neuen, wissenschaftlich angelegten Theorien um «Rasse»

orientierten sich an antiken Versuchen, körperliche Erscheinungsformen des Menschen in ein Raster zu bündeln, konturierten diese
aber auch neu. Wie schon in der Antike gingen viele der naturwissenschaftlichen Theorien davon aus, dass «Hautfarbe» und Tempera-
ment klimatisch bedingt seien und «Hautfarbe» insofern auch mental zu deuten sei. Zugleich hegten sie aber zunehmend Zweifel daran,
ob sie ausreiche, die neu eingeführte Kategorie «Rasse» (allein) zu
tragen. Dies führte zur Infragestellung bewährter Erklärungsansätze
wie etwa der Klimatheorie. Vor allem weil sich Weiße zunehmend erfolgreich in tropischen Räumen ansiedelten, verlor die Klimatheorie
unter Europäer_innen an Attraktivität. Galt es doch zu postulieren,
dass bei den *weißen* Siedler_innen der Amerikas, die sich gegenüber
den Europäer_innen der «Alten Welt» behaupten mussten, keine
durch das Klima hervorgerufene Degeneration eintreten könne.

33. Wie aufklärerisch war die Aufklärung wirklich? *Aufklärung*
steht für Werte wie Freiheit, Gleichheit, Brüderlichkeit, Gerechtigkeit, Mündigkeit oder Verstand. Diese Ideale rieben sich an einer
komplizierteren gesellschaftlichen Wirklichkeit, deren eklatante De-
fizite die Aufklärung überhaupt erst notwendig machten. Zugleich
aber blieb Aufklärung selbst hinter ihren Ansprüchen zurück – «Brüderlichkeit» zeigt an, dass die Hälfte der Menschen – die Frauen –
nicht nur begrifflich von der Partizipation der hehren Ideale ausgeschlossen blieb. Das war längst nicht die einzige emanzipatorische
Schwachstelle.

Die Bezeichnung Aufklärung und noch mehr die englische bezie-
hungsweise französische Entsprechung, *Enlightenment* und *Lumiere*,
kündet von einer ideengeschichtlichen Nähe zur christlichen Farb-
und Lichtsymbolik und ihrer Aneignung durch rassialisierende
Interpretationen von «Hautfarbe». Es gab unter den (Früh)Aufklä-
rern Abolitionisten wie auch privat am «Sklavenhandel» Beteiligte
(z. B. der Philosoph John Locke). Als philosophische Bewegung hat
die Aufklärung Sklaverei nicht geschwächt oder hinterfragt, sondern
ihr Rückhalt gegeben.

Um Sklaverei zu rechtfertigen, wurden Afrikaner_innen als außerhalb des Menschlichen stehend deklariert. In der Aufklärung wurde
das nicht erfunden, aber theoretisch abgesichert. «Rassen» wurden
wissenschaftlich konturiert, um Afrika jeden Beitrag zu sozialer
Dynamik und Fortschritt sowie jedes Verständnis für Moral, Ver-

stand und Freiheit abzusprechen. Dieses rassistische Unterfangen positionierte Afrikaner_innen als unmündig und unerreichbar für die Werte der Aufklärung und diese damit, im Umkehrschluss, als nicht zuständig für sie.

Das *weiße* westliche Subjekt der Aufklärung und ihrer Moderne beförderte «den frühen Kolonialismus und Versklavungshandel auf das profitabelste» und wurde dabei «wiederum in erstaunlich effektiver Weise selbst befördert», schreibt die Amerikanistin Sabine Broeck: «Ohne eine binäre Struktur, in der das nicht erleuchtete sogenannte ‹Wilde› wie auch ‹das Weibliche› immer schon strukturell als das Objekt des rationalen, sichtbaren messenden Subjekts gesetzt und damit als primitiv konnotiert und ausgegrenzt ist, egal welche Form oder welchen Inhalt es annimmt, ist Aufklärung gar nicht zu denken.»

Bis heute wird die Aufklärung oft unkritisch als Wiege der europäischen Überlegenheit gewürdigt, wobei die hier vom Schreibtisch aus legitimierten Verbrechen an Afrikaner_innen und anderen People of Color nicht thematisiert werden. In einer rückwärtsgewandt lesenden Historiographie steht Aufklärung als Erfindung von Freiheit und in dieses Geschichtsbild will es so ganz und gar nicht passen, dass diese Erfindung von Freiheit nicht von Anfang an Versklavung und Kolonialismus widersprach. So werden Aufsätze von Immanuel Kant und anderen, die Verbrechen an der Menschlichkeit legitimieren, oft vorschnell mit der Bemerkung abgetan, dass dies ja nur ein Aufsatz von vielen sei und dieser oder jener Absatz einen Fehltritt ausmache, der das große Ganze nicht trübe. Abgesehen davon, dass es sich nicht nur um einzelne Absätze oder Aufsätze handelt, kann es nicht um Quantität gehen. Aber so wenig es trägt, die Verantwortung der Aufklärung für den europäischen Versklavungshandel zu bagatellisieren, so wenig ist es ergiebig, ihn zu skandalisieren. Es geht darum zu verstehen, warum Intellektuelle wie David Hume oder Immanuel Kant sich dafür einsetzten, die Unterteilung von Menschen nach «Rassen» und die unüberwindbare Unterlegenheit von Schwarzen nachzuweisen.

34. Warum führte Kant die Idee der «Rassen» in Deutschland ein?

Immanuel Kants erste wissenschaftliche Auseinandersetzung mit «Rasse» findet sich in seinem 1764 erschienenen Aufsatz *Beobachtungen über das Gefühl des Schönen und Erhabenen.* Hier operiert er noch mit dem Begriff «Menschengeschlechter», in seinem 1775 veröffentlichten Aufsatz *Von den verschiedenen Racen der Menschen* verwendet er den Begriff «Rasse». Grundlagen seiner Überlegungen bilden Berichte von Missionaren und Reisenden sowie Abhandlungen von Philosophen und Medizinern wie Linné, Buffon, Hume oder Montesquieu. Wie die Germanistin Peggy Piesche analysiert, versucht Kant, eine «Rassenhierarchie» zu konstruieren, die auf «Rationalität», «Moral», «Mündigkeit», «Erziehbarkeit» und «Faulheit» als Differenzierungsmerkmalen aufbaut und seinen wesentlichen Anker im Konzept der «Vernunft» findet, das den *weißen* Mann zum Zentrum und zur Norm des Fortschritts erhebt.

Oft wird die These vertreten, Kants «Rassebegriff» sei neutral oder fortschrittlich angelegt. Dabei wird auf seinen monogenetischen Ansatz verwiesen, der der Polygenese etwa Voltaires gegenüber steht. Obgleich Kant von der Einheit der «Naturgattung Mensch» ausgeht, sieht er innerhalb derselben «große Verschiedenheiten». So stellt er der Einheit der «Naturgattung Mensch» die Mannigfaltigkeit der «Schulgattung» gegenüber: Biologische Gemeinsamkeiten zielen auf die Möglichkeit menschlicher Fortpflanzung ab (Naturgattung), während Kant phänotypische Unterschiede zwischen Menschen verschiedener Herkünfte (Schulgattung) weitaus stärker gewichtet. Er vertritt zudem klimatheoretische Ansichten und baut als Unterscheidungsmerkmale für Nicht-Weiße neben «Hautfarben» auch auf «Gerüche von Ausdünstungen», «Bluteigenthümlichkeiten» oder geringere «Empfindlichkeit der Haut» auf. Aus biologistischen und pseudoästhetischen Merkmalen schließt er zudem auf mentale Unterschiede. Insgesamt erkennt er vier «Rassen», wobei die anderen drei den *Weißen* unterlegen seien.

Die Faulheit der ursprünglichen Bewohner_innen der Amerikas mache sie (für Weiße) verzichtbar, sie seien lebensunfähig. Roma und Sinti als staatenlose Vagabunden zu konstruieren, ist nicht neu, Kant aber trägt dazu bei, dieses Konstrukt rassentheoretisch zu fundieren. Er beschreibt sie als von Indien abstammend. Sie seien derart sozial degradiert, dass sie jeder Idee von Veränderung und Fortschritt verschlossen bleiben müssen, egal wie lange sie in Europa lebten. Schwarze wiederum seien faul, unmündig und dem Fortschritt unzugänglich. Kein einziger Schwarzer habe eine «rühmliche Eigenschaft» oder habe jemals etwas Großes geschaffen. Schwarze sollten nicht aus der Sklaverei entlassen werden, es sei denn, sie könnten strikt von Weißen segregiert werden.

Die permanente Abwertung von People of Color geht bei Kant so weit, dass er sich bei bestimmten Regionen sogar fragt, warum sie überhaupt existieren – denn die Welt verlöre nichts, sollten sie untergehen. Dass in Immanuel Kants Philosophie Fortschritt nur bei Weißen zu finden sei, gipfelt in den 1770er Jahren in dem Gedanken: «Alle racen werden ausgerottet werden (Amerikaner und Neger können sich nicht selbst regiren. Dienen also nur zu Sclaven), nur nicht die der Weißen.» (Zit. nach Immanuel Kant: Collegentwürfe aus den 70er Jahren, in: Kant's gesammelte Schriften. Hrsg. Kgl.-Preuß. AdW, Bd. 15, 3. Abt., Band 2 (Anthropologie), 1. Hälfte, Berlin, Leipzig 1923, S. 878.)

35. Was bedeutet bei Hegel Geschichtslosigkeit? Georg Friedrich Wilhelm Hegel (1770–1831) entwickelte wie kaum ein anderer systematisch den Fortschrittsgedanken: Die Zukunft liege in der Macht jener, die die bedeutsamsten Zivilisationen der Vergangenheit repräsentierten. Er baut dabei auf der Annahme auf, dass der «Unterschied zwischen den Menschenrassen ... ein natürlicher Unterschied» sei, der geographisch und damit klimatisch bedingt sei. In seinen Vorlesungen zur *Philosophie der Geschichte* (1830/1831) behauptet Hegel, die menschliche Geschichte beginne in Asien und ende in Europa (inklusive der USA). Afrika spielt in seiner Rechnung keine Rolle. Mehr noch, er spricht Afrika historische Wandlungsfähigkeit und gesellschaftliche Dynamik ab. In Afrika (Ägypten zählt er nicht dazu) habe sich bisher keine Weltgeschichte ereignet: «Afrika ... ist kein geschichtlicher Weltteil, er hat keine Bewegung und Entwicklung aufzuweisen ... Was wir eigentlich unter Afrika verstehen, das ist das Geschichtslose und Unaufgeschlossene, das noch ganz im natürlichen Geiste befangen ist ...»

Die Menschheitsgeschichte sei vom Kampf zwischen Natur und Geist bestimmt. In Afrika habe sich Letzterer nicht entfaltet und daher auch keine Rationalität, mit der die Menschen die Natur beherrschten. Zu den Schwarzen vermerkt er: «es ist nichts an das Menschliche Anklingende in diesem Charakter zu finden.» Die Abwesenheit von Moral, Religion und Ethik führe in Afrika zu einer vollkommenen «Verachtung des Menschen»: «Die Wertlosigkeit des Menschen geht ins Unglaubliche.»

Hegel ist dabei kein kompromissloser Anhänger der Sklaverei, zumal diese sich zu seiner Zeit bereits in Auflösung befindet: «Die Sklaverei ist an und für sich Unrecht, denn das Wesen des Menschen ist die Freiheit.» Allerdings macht er die Einschränkung, dass die Menschen auch reif sein müssen für Freiheit. Afrikaner_innen seien dies nicht, sie hätten weder sittliche Empfindungen noch ein Bewusstsein für Freiheit, sie hielten sie vielmehr für wertlos. Das führt Hegel sogar dazu, den Kampf der Schwarzen gegen Unterdrückung und Sklaverei – wie Anfang des 19. Jahrhunderts in Haiti – «dialektisch» so zu deuten: «Dieser Nichtachtung des Lebens ist auch die große von ungeheurer Körperstärke unterstützte Tapferkeit der Neger zuzuschreiben, die sich zu Tausenden niederschießen lassen im Kriege gegen die Europäer.»

Hegel hält «die allmähliche Abschaffung der Sklaverei» für angemessener «als ihre plötzliche Aufhebung». Europas Bürde bestehe eben darin, die Welt der «Barbaren», wie er Schwarze auch tituliert, zu «zivilisieren». Arnold Farr schlussfolgert: «Hegels Geschichtsphilosophie macht deutlich, dass sich der Geist in *weißen* Völkern verwirklicht hat. Als Träger des Geistes sind *weiße* Menschen europäischer Herkunft ganz Mensch und mit der Aufgabe betraut, den Rest der Welt zu humanisieren. Merkwürdig ist dabei, dass diese Humanisierung der übrigen Welt durch so unmenschliche Maßnahmen wie die Sklaverei geschehen kann. Doch eine solche Ansicht ist unter Denkern wie Kant und Hegel nichts Ungewöhnliches.»

36. Welche Disziplinen brachte der «wissenschaftliche Rassismus» im 19. Jahrhundert hervor? Am Ende des 19. Jahrhunderts wurde in Europa jede relevante Entwicklung und Entscheidung als «wissenschaftlich» begründet hingestellt. Das war eine transnationale Klammer, die ein hohes Maß an Verständnis bei den Nachbarn voraussetzen konnte und kam auch in der Verwissenschaftlichung des Rassismus zum Tragen. Im Zeitalter der Verfassungsstaaten hatte dieser nicht zuletzt die Aufgabe zu begründen, wer an den postulierten Werten wie Freiheit und Gleichheit partizipieren dürfe. Das Ende der Sklaverei tat dem Ansinnen, Rassismus wissenschaftlich zu fundieren, keinen Abbruch: Dem Kolonialismus stand seine größte Entfaltung noch bevor.

Stärker als bislang wurde nun «Hautfarbe» mit anderen körperlichen Markern wie Haar, Nasen-, Lippen-, Schädel- und Gesichtsform oder Wangenknochen zusammengedacht. Es kam zur Neuausrichtung der Physiognomie und der Etablierung von Disziplinen wie

Vergleichende Anatomie oder Anthropologie, die die rassistische Vermessungslehre hervorbrachten. Als die Zweifel an diesem Verfahren wuchsen, flüchteten die «Rassentheoretiker», einem allgemeinen Wissenschaftstrend folgend, tiefer in den Körper. Bald dominierten «innere Merkmale» wie Blut und Gene die Theorien. Man hoffte, «Rassen» genetisch nachweisen zu können, und verband diese neuen Ansätze mit bisherigen Markern wie «Hautfarbe» oder Schädelform. Gene wurden zu Trägern soziokultureller Eigenschaften erkoren, die wiederum eine «Rassenhierarchie» legitimierten.

Der Sozialdarwinismus propagierte in einer Missinterpretation des Darwinschen «survival of the fittest», dass es zum Wohle der (*weißen*) Menschheit legitim sei, jene auszurotten, die sich historisch als unterlegen erwiesen hätten. Francis Galton (1822–1911) brachte «Rasse» und Klasse zusammen und warnte davor, dass die Unterschichten, denen er einen natürlichen Hang zur Kriminalität unterstellte, sich stärker fortpflanzen würden als die Mittelklasse. Anders als den Sozialdarwinisten galt ihm dies nicht als Evolution, die naturgemäß definiere, wer im Recht sei (zu herrschen), sondern als Bedrohung für die «natürliche Ordnung», die ein Gegensteuern erforderlich mache. So begründete er die Wissenschaft, die regulieren sollte, wie sich die Menschheit in Zukunft fortpflanze: die Eugenik.

Rechtsradikale vertraten ebenso eugenische Positionen wie Linksradikale, Sozialdemokraten ebenso wie Konservative. Im Kern hofften sie, wenn auch politisch unterschiedlich motiviert, «höherwertige» Menschen zu schaffen oder zumindest den «Degenerationsprozess» stoppen zu können. An der Wende zum 20. Jahrhundert, als einige in den Wirren sich widersprechender «Rassentheorien» von mehr als 100 «Rassen» ausgingen, war die Eugenik zu einer anerkannten Disziplin geworden. Als Ausrottungspolitik kam Eugenik aber erst bei den Nationalsozialist_innen zum Zuge.

Doch nicht nur Philosophie, Biologie, Zoologie und medizinische Wissenschaften waren bestrebt, «Rassen» wissenschaftlich nachzuweisen. Für die Eroberung der Kolonialräume waren auch Natur- und Technikwissenschaften wie die Geologie, Bergbauwissenschaft, Agrarwissenschaft oder die Archäologie gefragt sowie kulturwissenschaftliche Fächer wie die Linguistik. Wissenschaft schafft und konturiert Wissen, und alles rassistische Wissen, das uns bis heute begleitet, hat eine Absicherung in und durch Wissenschaft und ihre Institutionen erfahren.

37. Was wollten Arthur de Gobineau und Houston Stewart Chamberlain? Philosophen und andere Denker boten diskursive Anknüpfungspunkte für aggressivere Ansätze und Überlegungen. Einen davon vertrat Arthur de Gobineau (1816–1882). 1853 bis 1855 veröffentlichte er den *Essai sur l'inégalité des races humaines* (dt. *Versuch über die Ungleichheit der menschlichen Rassen*). Es war das erste Buch mit langfristiger Wirkung, dass allein «Rassentheorien» zum Gegenstand hatte. Gobineau erhob «Rassen» zum weltgeschichtlichen Strukturmerkmal. Für ihn war «Rasse» kein Fakt, sondern ein Wert. Seine Überlegungen schlossen explizit die apokalyptische These ein, dass sich «höhere» gegen «niedere Rassen» zur Wehr setzen müssten und deshalb ein globaler «Rassenkrieg» bevorstehe.

Das Ende der Menschheit vor Augen, wollte Gobineau erklären, warum dieses Ende unausweichlich sei. Der Autor gehörte zum extremen Flügel jener französischen Elite, die strikt gegenrevolutionär eingestellt war. Der Untergang des *Ancien Régime* bedurfte einer Erklärung, die bei Gobineau zu einer welthistorischen Untergangsstimmung führte. Nach Gobineau gab es am Anfang der Menschheitsgeschichte drei «Rassen» – eine «weiße», eine «gelbe» und eine «schwarze». Die «weiße Rasse» sei die schönste, intelligenteste und dynamischste, die «gelbe» ausschließlich auf Nutzbringendes konzentriert und die «schwarze» könne lediglich augenblicklichen Gefühlen folgen. Verantwortlich dafür sei das «Blut». Reine «Rassen» habe es nur zu Beginn gegeben. Die «Vermischung des Blutes» sei zunächst durchaus sinnvoll gewesen, weil so die «weiße Rasse» Blutanteile erhalten habe, die sie zu größeren künstlerischen Fähigkeiten gelangen ließen. Ab einem bestimmten Zeitpunkt der Entwicklung habe sich der temporäre Vorteil der «Mischung» umgekehrt in eine unaufhaltsame Degeneration der «Rassen». Hier sei vor allem die «weiße Rasse» Hauptleidtragende, weil die anderen nie zu ihr aufschließen könnten, während sie selbst mehr und mehr degeneriere. Das war auch das Hauptargument, warum Gobineau sich gegen Kolonialismus aussprach, weil dieser die «Vermischung» der «Rassen» befördere. Der Untergang der menschlichen Zivilisation sei aber nicht aufzuhalten, weil sich das «Blut» bereits so «vermischt» habe, dass es für eine Zukunftsvision nicht mehr tauge. Das einzige Potential sah er lediglich in der «arischen Rasse», einem reinen Ideologieprodukt, das Gobineau in England und Norddeutschland verortete.

Gobineaus Buch war keine dem damaligen naturwissenschaftlichen Erkenntnisstand verpflichtete geschichtsphilosophische Darlegung. Es bündelte vielmehr krude geschichtsdeterministische Annahmen, anthropologische Behauptungen und biologistische Vorurteile zu einer rassistischen Weltdeutung. Gobineau gilt als einer der wichtigsten Vordenker der nationalsozialistischen Ideologie.

Nirgendwo erfuhren Gobineaus Buch und sein «Arier-Mythos» ab Ende des Jahrhunderts eine solch starke Rezeption wie in Deutschland. Nationalistische Kulturkritik, etwa von Paul de Lagarde, Julius Langbehn oder Arthur Moeller van den Bruck, stieß dort auf breites Interesse. Aber niemand hat in Deutschland so wirkungsmächtig wie Houston Stewart Chamberlain (1855–1927), mit seinem 1899 erschienen Buch «Die Grundlagen des XIX. Jahrhunderts», den rassistischen «Arier-Mythos» als Chauvinismus- und Unterdrückungsideologie verbreitet. Das Hauptziel des Pamphlets war es, den «Ariern» ihren Platz in der Gegenwart und Zukunft zu verschaffen, den seiner Meinung nach diese «Rasse» als «Herrenrasse» verdiene. So wurde auch Chamberlain zum wichtigen Stichwortgeber des Nationalsozialismus.

Anders als Gobineau glaubt Chamberlain nicht an die historisch unabänderliche Degeneration der «Rassen». Vielmehr sieht er unter Berufung auf Darwin die Möglichkeit einer geschichtsoptimistischen «Rassenentwicklung» – allerdings nur bei der «arischen Rasse». In deren Blut liege ein Charakter begründet, der für alle anderen unerreichbar sei. «Rasse» stehe über Nationen, weshalb die «arische Rasse» ihr Blut vorwiegend inzestuös weitergeben und so rein bewahren solle.

Chamberlain mag einer der auffälligsten Rassisten gewesen sein, argumentiert aber hat er aus der Mitte der Gesellschaft heraus. Erinnert sei nur exemplarisch an Max Webers kulturelle Weltsendungsideologie, die er Deutschland 1895 zusprach, oder an die zeitgenössische Auseinandersetzung des bedeutenden Historikers Otto Hintze mit Gobineau und Chamberlain um die Jahrhundertwende. Er lehnt zwar vieles von beiden Autoren ab, redet aber «unserer deutschen Rassenbildung» das Wort, die keine «Rassenmischung» zulassen dürfe, da «die deutsche Rasse der Zukunft» nicht nur vom «Gemüt», sondern vor allem vom «Geblüt» geprägt sei. Weder Weber, der sich alsbald von «Rassetheoremen» lossagte, noch Hintze noch die vielen anderen europäischen Intellektuellen und Politiker_innen, die um die Jahrhundertwende Kolonialagitation betrieben und «rassentheoretischem» Denken anhingen, sind als geistige Adepten der Nationalsozialisten und ihrer «Blut-und-Boden-Ideologie» anzusehen. Sie sind aber zeittypische Beispiele aus der Jahrhundertwende und vom Vorabend des Ersten Weltkrieges, die veranschaulichen, wie weit nationalistische, chauvinistische, imperialistisch/kolonialistische und letztlich «rassentheoretische» Paradigmen in die Mitte der Gesellschaft vorgestoßen waren.

38. Können nur Weiße erröten? In der bürgerlichen Gesellschaft des 19. Jahrhunderts wurden Scham, Moralempfinden, ja, menschliche Würde schlechthin mit einem leichten Erröten, insbesondere bei Frauen, verbunden. Dafür steht das fast schon exzessive Erröten von Fanny Price in Jane Austens Roman *Mansfield Park* (1814). Es vermittelt, dass sie empfindsam ist und sie diese Gefühle nicht maskiert. Es markiert aber auch ihre Fähigkeit zu Scham und Scheu und visualisiert damit die Reinheit ihrer Seele.

Allgemein dient das Erröten in der Literatur als stilistisches Mittel, um Tugend, Sittsamkeit und Unschuld eines Charakters zu unterstreichen oder zumindest zu markieren, dass einer Figur gerade etwas unangenehm oder peinlich ist. Dabei handelt es sich fast immer um weibliche Charaktere und fast immer sind sie *weiß*. So ist denn auch die Annahme weit verbreitet, dass nur Weiße erröten können.

Diese Annahme aber ist falsch. Denn Erröten ist ein biologischer Vorgang, der sich in jedem menschlichen Körper abspielt. Es handelt sich um einen intensiveren Durchblutungsprozess. In verschiedenen Sprachen gibt es dafür unterschiedliche Wörter und nicht immer ist ihnen die Farbe «Rot» eingeschrieben. Denn tatsächlich findet der biologische Vorgang, der im Deutschen als «erröten» und im Englischen als «blushing» bezeichnet wird, auch dann statt, wenn der Teint der Haut sich anderweitig verfärbt.

Als Charles Darwin (1809–1882) die aristotelische Lehre von der Unveränderlichkeit der Gattungen mit seiner Evolutionstheorie widerlegte, geriet vieles aus den Fugen. Er widersprach allerdings nicht grundsätzlich bestehenden «Rassentheorien»; seine fand im «Erröten» ein wichtiges Axiom. Er argumentiert monogenetisch, dass sich die Menschen mehr oder weniger aus einer Elterngruppe heraus entwickelt und in späteren Entwicklungsstadien ausdifferenziert hätten. Die einzelnen «Menschenrassen» würden sich vor allem äußer-

lich voneinander unterscheiden und hätten einen gemeinsamen Ur-
sprung, insgesamt überwögen Gemeinsamkeiten, weshalb es angera-
tener sei, von «Supspecies» denn von «Menschenrassen» zu reden.
Zugleich konstatiert er so starke soziokulturelle Unterschiede zwischen den «Menschenrassen», dass zahlreiche seiner Schriften dem
Rassismus, Kolonialismus und später dem Nationalsozialismus un-
verzichtbare wissenschaftliche Grundlagenwerke wurden. So schien
es ihm selbstverständlich, dass sich «civilisirte Rassen ... Veränderun-
gen aller Art viel besser» anpassen bzw. diesen widerstehen könnten
«als Wilde». Vor allem eine «Kreuzung mit civilisirten Rassen» könnten den «Wilden» helfen, ein höheres Entwicklungsstadium zu erlangen. Dem stehe allerdings entgegen, dass die «civilisirten Nationen» selbst wiederum zur Selbstrekrutierung neigen und innerhalb
dieser die Klassen unter sich bleiben sollten. Zwischen den Menschen gebe es keine relevanten biologischen Unterschiede, jedoch
komme äußeren Unterschieden größte Bedeutung zu. Darwin ist bestrebt, die oft behaupteten Unterschiede zwischen «Rassen» so zu
erklären: Unterschiedliche Sozialisationsprozesse hätten sich genetisch eingeschrieben. Anschaulich wird dies in Darwins Ausführungen zum «Erröten». Dieses bezeichnet er als die «eigenthümlichste
und menschlichste aller Ausdrucksformen». Immerhin kommt er zu
der Einsicht, dass alle erröten (*blush*) können. Aber er sieht dabei zwei
soziokulturelle Unterschiede: People of Color würden erröten, weil
hier eine erhöhte «Selbstaufmerksamkeit», die durch die Erziehung
durch Weiße erfolgt sei, zu Buche schlägt.

39. Wer oder was war Jim Crow? 1861 schaffte das zaristische
Russland die Leibeigenschaft ab. Die USA folgten vier Jahre später.
Der nordamerikanische Bürgerkrieg 1861–1865 einte nicht nur die
USA territorial, sondern zwang auch den unterlegenen Süden dazu,
den 13. Zusatzartikel zur Verfassung – das Verbot der Sklaverei –
anzuerkennen. Das geschah 1865, drei Jahre später folgte der 14. Zu-
satzartikel, der den Schwarzen die vollen Bürgerrechte garantierte.
Der 15. Zusatzartikel von 1870 verlieh ihnen das aktive und passive
Wahlrecht.

So wenig wie der Norden prinzipiell gegen Sklaverei oder gar Rassismus gewesen war – es handelte sich vor allem um ökonomische
Erwägungen und politische Gründe im Kampf gegen den Süden –,
so wenig konnten die drei erwähnten *Amendments* die Realität kurz-

fristig ändern. Der Ende 1865 gegründete Ku-Klux-Klan war davon nur ein Ausdruck. Als sich die Truppen des Nordens bis 1877 aus dem Süden wieder zurückgezogen hatten, konnten die Rassist_ innen ihre Apartheidspolitik erneut entfalten. In öffentlichen Verkehrsmitteln, Schulen, Gaststätten, Kinos und Theatern, in Krankenhäusern, Gefängnissen, Parks und vielen weiteren Institutionen führten die Südstaaten auf Landes- und kommunaler Ebene eine Vielzahl eigener Gesetze ein, die die rassistische Unterdrückung und Ausgrenzung von Schwarzen absicherte. Auch die Heirat zwischen Weißen und Schwarzen war in vielen Staaten verboten, intime Beziehungen ebenfalls, Schwarze durften keine *weißen* Frauen frisieren, in Privatautos mussten Weiße und Schwarze in verschiedenen Reihen sitzen, in Birmingham, Alabama, durften sie nicht zusammen Domino spielen, *weiße* Autofahrer_innen hatten mancherorts vor Schwarzen generell Vorfahrt, Schwarze Männer durften unter keinen Umständen *weißen* Frauen Feuer für die Zigarette anbieten. Die Liste ließe sich fortführen. Damit einher gingen sehr viele «Verhaltensregeln»: Schwarze durften Weiße z. B. keiner Lüge bezichtigen oder sie nicht spüren lassen, dass diese weniger intelligent oder wissend wären usw. usf. Auch das Wahlrecht ist im Süden – wo die Mehrheit der Schwarzen lebte – de facto durch eine Reihe von Bestimmungen wieder zurückgenommen worden.

Diese Gesetze werden allgemein Jim-Crow-Laws genannt. 1828 hatte ein *weißer Komiker* – Thomas D. Rice (1808–1860) – erstmals mit Blackfacing bei seiner Minstrel Show das Lied «Jim Crow» unter dem Johlen der *weißen* Zuschauer_innen vorgetragen. In diesem Lied werden rassistische Stereotype vorgetragen und Schwarze Menschen diskriminiert, verhöhnt, veralbert. Das Lied wurde – in vielen Varianten – bei Weißen sehr populär. Unter der Bezeichnung «Jim Crow» sind alle ab 1878 in den USA erlassenen rassistischen Gesetze zusammengefasst worden.

Bis 1967 fielen mehrere Tausend Menschen Lynchmorden zum Opfer. Die grausame Ermordung des 14-jährigen Emmett Till 1955 wurde ebenso zu einem Fanal für den massenhaften Widerstand von Millionen Schwarzen in den USA wie die Weigerungen von Claudette Colvin (geb. 1939) und Rosa Parks (1913–2005) im selben Jahr in Montgomery, Alabama, die Trennung nach *Weiß* und Schwarz in den Bussen weiterhin hinzunehmen.

Die Apartheid begann nun nachhaltig zu bröckeln. Zwar hatte

sich bereits ab Beginn des 20. Jahrhunderts eine Schwarze Bürgerrechtsbewegung begonnen zu formieren, aber sie konnte erst ab 1955 jene gesellschaftspolitische Durchschlagskraft entfalten, die letztlich 1964/67 zum Fall sämtlicher Jim-Crow-Gesetze führte. Auch das Wahlrecht wurde 1965 USA-weit wieder auf den Stand der Verfassung gebracht.

40. Warum wissen wir nichts über Sarah Baartman? Tausende People of Color sind auf europäischen Jahrmärkten, in Zirkussen, in Zoos, in Sonderausstellungen und nicht zuletzt bei Völkerschauen ausgestellt worden. Sie wurden als unmenschlich oder zumindest den Tieren nah und dem Menschsein entrückt inszeniert.

Eine von ihnen war Sarah Baartman. Aus der Zeit, bevor sie der rassistischen und sexuellen Zurschaustellung ausgesetzt war, ist kaum etwas bekannt außer, dass sie einem Mann namens Caesar unterstellt war, der ein Nachkomme von Sklaven aus Südostasien war und dem britischen Schiffsarzt Alexander Dunlop diente. Als Letzterer 1809 seine Stelle verlor, nahm die siebenjährige Leidensgeschichte der Sarah Baartman, die in ihren Tod mündete, ihren Anfang. Dunlop zwang sie, (halb)nackt und unter dem Namen «Hottentottenvenus» in einem Militärhospital zu tanzen. Angesichts des männlich-lüsternen Interesses beschlossen Dunlop und Caesar, nach London zu reisen und Sarah Baartman einem größeren Publikum vorzuführen. Ihre Körperkonturen waren ausladend und wurden dem Publikum als erotische Delikatesse präsentiert. So amüsiert sich London zeigte, es gab auch einen öffentlichen Aufschrei und Abolitionist_innen klagten Caesar (aber nicht Dunlop) an. Er wurde freigesprochen, nachdem Sarah Baartman ausgesagt hatte, dass sie zu diesen Handlungen angeblich nicht gezwungen werde. Caesar tourte dann durch die englische Provinz. Bald darauf verschwand er, Dunlop starb, doch Sarah Baartman lebte nicht als freie Frau weiter, sondern wurde erneut von einem Mann vorgeführt, nunmehr in Paris. Hier regte sich kein abolitionistischer Protest, wohl aber «wissenschaftliches» Interesse. Im März 1815 wurde sie betrachtet, gezeichnet und vermessen unter der Ägide des Anatoms und «Rassenforschers» Georges Cuvier. Als sie kurz darauf verstarb, wurde ihm im Januar 1816 ihr Leichnam für Experimente zur Verfügung gestellt. Auch im Tod fand ihr Körper keine Ruhe. Diese Leichenschändung setzte sich fort, als ihr Gehirn und ihre Genitalien in den Magazinen des Pariser *Musée de L'Homme* archiviert und ihr Skelett neben einem kolorierten Gipsabdruck ihres Körpers ausgestellt wurde. Erst 1982 wurde sie aus der offiziellen Ausstellung befreit. Und nochmals 20 Jahre später konnte sich Frankreich dazu durchringen, ihr ein gebührendes Begräbnis zu gewähren, wozu es siebenjähriger Verhandlungen mit der südafrikanischen Regierung und eines Sondergesetzes bedurfte, das am 6. März 2002 vom französischen Präsidenten Jacques Chirac unterzeichnet wurde. Im Zuge dessen erhandelte sich Frankreich die Rückversicherung, andere kolonialistisch erworbene Besitztümer behalten zu können.

Am 9. August 2002 wurden die sterblichen Überreste von Sarah Baartmann im südafrikanischen Hankey feierlich beigesetzt. Ihr wurde ein Staatsakt gewidmet, nahezu 200 Jahre, nachdem sie im Alter von etwa 25 Jahren verstorben war. Wenn wir heute über sie sprechen, so sollten wir sie nicht immer wieder erneut nackt und bloß stellen oder sie gar rassistisch-sexistisch bezeichnen. Die Crux, vor der wir stehen, fängt aber bereits mit dem Umstand an, dass wir auch Sarah Baartmans richtigen Namen nicht kennen. Der damalige Präsident Südafrikas, Thabo Mbeki, sagte während der Beisetzung 2002: «Sarah Baartman hätte niemals nach Europa gebracht werden dürfen. Sie hätte niemals ihres Namens beraubt und Sarah Baartman genannt werden dürfen ... in Europa als monströse Wilde zur Schau gestellt werden dürfen ... Nicht der missbrauchte Mensch ist monströs, sondern jene, die sie missbraucht haben.»

41. Was ist mit der «Bürde des weißen Mannes» gemeint? Die «Kolonialfrage» treibt in der britischen Literatur im ausgehenden 19. Jahrhundert neue Blüten. Dazu gehört der im kolonialistisch besetzten (heutigen) Indien geborene Autor des *Dschungelbuches* Rudyard Kipling (1865–1936).

Im Februar 1899 schrieb der spätere Nobelpreisträger (1907) ein Gedicht mit dem Titel *The White Man's Burden: The United States and The Philippine Islands*. Er schickte es Theodore Roosevelt, 1900 Vizepräsident und von 1901 bis 1909 der 26. Präsident der USA. Die literarisch verpackte Botschaft lautete, die USA sollen sich nunmehr der «Bürde» eines Empires stellen. Dabei fiel das Erscheinen des Gedichtes (in der Februarausgabe 1899 des *McClure's Magazine*) mit dem Beginn des philippinisch-US-amerikanischen Krieges zusammen und mit der Unterzeichnung jenes Vertrages durch den Senat der USA, der Puerto Rico, Guam, Kuba und die Philippinen unter US-amerikanische Kontrolle stellte. Roosevelt schickte das Gedicht seinem Freund Senator Henry Cabot Lodge, versehen mit dem Kommentar, dass es zwar «poetisch arm sei, jedoch den richtigen Sinn für die Expansionsfrage habe». Schon bald wurde der Titel des Gedichtes zum euphemistischen Topos für die Gräueltaten des Kolonialismus.

Die «Bürde des weißen Mannes» meinte, die Welt mit Kolonialmethoden «retten» zu müssen. Dazu benötigten die Kolonialist_innen das entsprechende Pendant: den «unzivilisierten, primitiven» Kolonisierten. Zum einen wurde der Kolonisierte als kindesgleich imaginiert. Im Kern zielt es in einem materialistischen Zugriff auf Geschichte darauf ab, gesellschaftliche Dynamiken Europas zur Norm zu erheben und den Entwicklungsstand der kolonisierten Gesellschaften in den Warteraum der Geschichte zu stellen – auf ewig dazu verdammt, Europa hinterherzuhinken. Die «imperial race» sei aufgerufen, die nicht-*weißen* «Rassen» – auch gegen ihre Willen – an europäischen Entwicklungsstandards teilhaben zu lassen. Dem Kolonisierten wird attestiert, die «Quintessenz des Bösen» (Fanon) zu sein und jeglicher Moral sowie aller Werte zu entbehren. Deshalb war, wie Kipling eine weitverbreitete Meinung zum Ausdruck brachte, Kolonisieren keine Lust, sondern eine Bürde.

> Nehmt auf euch des Weißen Mannes Bürde –
> schickt die Besten, die ihr aufzieht, hinaus…
> Lasst sie schwer gerüstet wachen
> über eine Menge, wankelmütig und wild –
> eure frisch eingefangenen, tückischen Völkerschaften,
> die noch halb Kinder sind, halb Teufel…
> Nehmt auf euch des Weißen Mannes Bürde –
> erntet, was von jeher sein Lohn war: …
> den Tadel derer, die er hütet…

Koloniale Verbrechen konnten so symbolisch zugelassen und zugleich verurteilt werden. Den «Anderen» fehle Geschichte und deshalb auch Zukunft. Dies aufzuheben, hatte sich die *weiße* Welt aufgebürdet – eine effektive Entlastungsstrategie für die verübten Grausamkeiten.

Joseph Conrad (1857–1924) war, obwohl auch seine literarischen

Charaktere im Rassismus stecken blieben, einer der wichtigsten Intellektuellen, die bei Erscheinen des Gedichtes widersprachen. Er war Augenzeuge der brutalen Gewalt, die der belgische König zwei Jahrzehnte lang im Kongo ausübte. 1896 berichtete eine deutsche Tageszeitung von 1308 an nur einem Tag abgehackten Händen. Conrads Roman *Heart of Darkness* (1902) erzählt, wie Kolonialismus und Rassismus Weiße jenseits all dessen zurücklassen, was sie als «Zivilisation» ansehen. Dabei lässt er keinen Zweifel daran, dass nicht der Wunsch, Gutes in die Welt zu tragen, der Motor des Imperialismus ist, sondern allein das Ansinnen, sich an den Reichtümern der Kolonien zu bereichern: von Gummi bis Elfenbein, Gold bis Diamanten, Land bis Arbeitskräften.

42. Was hat der Song «Truganini» der australischen Band *Midnight Oil* mit zwei auf Wachszylinder gravierten Liedern zu tun? Weil der niederländische Kapitän Tasman 1642 die Südküste Australiens umschiffte und auf eine Insel traf, die Europäer_innen zuvor nicht bekannt war, trägt sie seit 1856 seinen Namen: Tasmanien. Die Insel war bereits seit 35 000 Jahren von verschiedenen Gesellschaften bevölkert. Die bei Ankunft der Briten Anfang des 19. Jahrhunderts dort lebenden Menschen sind bis zur Mitte des 19. Jahrhunderts nahezu vollkommen ausgerottet worden.

Als sich die ursprünglichen Eigentümer Tasmaniens zur Wehr setzten, wurde das Standrecht ausgerufen und viele von ihnen missbraucht und getötet. Neue Siedler begingen grauenhafte Verbrechen und Massaker. Es handelte sich bei den Siedlern zunächst vor allem um verurteilte Verbrecher und ihre Bewacher. Aufgrund der überschaubaren Größe diente die Insel Großbritannien als Strafkolonie. Zwischen 1803 und 1853 wurden etwa 75 000 Sträflinge nach Tasmanien gebracht, die auf die zahlenmäßig viel kleinere Bevölkerung regelrecht losgelassen wurden.

1825 wurde die Insel zu einer eigenständigen Kolonie. Jene, die die Gräueltaten überlebt hatten, suchten im Wald Zuflucht und begannen einen Guerillakampf. Der britische Gouverneur versuchte sie zu überreden, sich umsiedeln zu lassen. Diese Botschaft zeigte wenig Wirkung, denn die traumatisierten Menschen hatten wenig Grund, den Versprechen auf Friedfertigkeit und Gerechtigkeit zu glauben. Zugleich fanden weitere Massaker statt. Der Gouverneur, der in England um seinen «guten Ruf» fürchtete, ging deshalb 1830 zu einer anderen Strategie über. Er schickte 2000 bewaffnete Männer los, denen ein Kopfgeld für jeden lebenden Gefangenen versprochen wurde, um die Kolonisierten einzufangen und umzusiedeln. Das Unterfangen scheiterte. Nur ein alter Mann und ein Junge wurden lebend aufgegriffen. Nun trat ein Missionar in Erscheinung. Er sollte die Schwarzen Einwohner_innen überreden, sich freiwillig deportieren zu lassen. Es gelang ihm, sich bei den Guerillakämpfer_innen Gehör zu verschaffen. Viele von ihnen waren entkräftet. Sie willigten ein.

Der Missionar ging als *Chief Protector of Aborigines* mit den maximal 300 Überlebenden nach Flinders Island. Das neugegründete Dorf hieß Wyballena («Häuser der Schwarzen»), der Missionar nannte es «Point Civilization». Währenddessen starben die Menschen weiter – sie hatten alles verloren, ihre Heimat, ihre Familien, ihre Kultur, ihre Religion; Unterernährung und von Europäer_innen eingeschleppte Krankheiten kamen hinzu. 1849 wurde die Siedlung aufgelöst.

Bereits 1838 war der Missionar selbst nach Port Philipp gezogen, wo er ein weiteres Protektorat aufbaute. Einige Bewohner_innen Wyballenas gingen mit ihm, darunter Truganini (1812–1876), die als junge Frau Augenzeugin der brutalen Ermordung ihres Mannes geworden war. Sie gehörte zu den letzten Überlebenden – und fand auch im Tod keine Ruhe. Zwei Jahre nach ihrer Beerdigung wurde sie exhumiert und rassistischen Forschungen zur Verfügung gestellt. Von 1903 bis 1907 wurde ihr Skelett im *Tasmanian Museum* ausgestellt. Erst hundert Jahre nach ihrem Tod wurde ihrem eigenen Wunsch entsprochen, eingeäschert zu werden. Ihre Asche wurde in der Nähe ihres Geburtsortes verstreut. Jedoch nicht vollständig, denn Haare und Hautteile von Truganini befanden sich noch bis 2002 im *Royal College of Surgeon's Museum* in Oxford. Zusammen mit Knochen unidentifizierter Landsmänner und -frauen sind diese Überreste 2002 beigesetzt worden. Mudrooroos Roman *Doctor Wooreddy's Prescription for Enduring the Ending oft the World* (1983) sowie ein nach ihr benanntes Lied (1993) der australischen Rockband *Midnight Oil* haben Truganini künstlerische Denkmäler gesetzt. Während der Abschlussfeier der Olympischen Spiele im Jahr 2000 in Sydney traten *Midnight Oil* in schwarzer Kleidung auf, auf der mit großen weißen Lettern geschrieben stand: *Sorry*. Es war eine Mahnung an die australische Regierung, sich für die Kolonialverbrechen zu entschuldigen. Von den vielen Sprachen der ursprünglichen Einwohner_innen Tasmaniens ist heute vor allem bekannt, was zwei auf Wachszylinder gravierte gesungene Lieder überliefern. Innerhalb eines Lebensalters war die ursprüngliche Bevölkerung des heutigen Tasmaniens samt ihrem kulturellen Wissen ausgelöscht worden.

43. War Deutschland eine bedeutende Kolonialmacht? Vor allem drei Gründe werden dafür angeführt, warum Deutschland keine bedeutende Kolonialmacht gewesen sei: die koloniale Herrschaft sei vergleichsweise kurz ausgefallen, nur wenig Gebiete unterstanden deutscher Kolonialherrschaft und insgesamt sei dort weniger grausam agiert worden.

Von Beginn an waren Deutsche gewinnbringend an der Besetzung von Territorien außerhalb Europas beteiligt. Augsburger Patrizier gehörten zu den ersten und kontrollierten 1528 bis 1556 einen Handelsstützpunkt, die Welser-Kolonie, den Karl V. in Venezuela an sie verpfändete. Am bekanntesten wurde das Kolonialunternehmen von Kurfürst Friedrich Wilhelm von Brandenburg, der 1682 eine Expedition in das heutige Ghana entsandte und später die Festung Groß Friedrichsburg errichtete. Im Kaiserreich erreichte der deutsche Kolonialismus im späten 19. Jahrhundert seinen Höhepunkt, befördert durch die Berliner Konferenz 1884/85. Auf Einladung Otto von Bismarcks kamen Vertreter zahlreicher europäischer Mächte sowie der USA und des Osmanischen Reiches nach Berlin, um ihre wirtschaftlichen Interessen in Afrika gegenseitig abzusichern. Das wichtigste vereinbarte Prinzip lautete, dass nur jene Gebiete als Eigentum deklariert werden könnten, die territorial (und nicht nur von einem Küstenstreifen aus) beherrscht würden. In der Folge kam es zur endgültigen Aufteilung Afrikas. Das Deutsche Reich rückte in jener Zeit zugleich in den Kreis der Kolonialmächte auf, was 1919 durch den Versailler Vertrag ein ebenso jähes wie erzwungenes Ende fand, weil es seine Kolonien an die Siegermächte abtreten musste.

Das deutsche Kolonialreich umfasste zum Zeitpunkt seiner größten Ausdehnung etwa eine Million Quadratkilometer, innerhalb derer schätzungsweise zwölf Millionen Menschen lebten. Gemessen an der Bevölkerungszahl war es zu diesem Zeitpunkt das fünftgrößte Kolonialreich Europas, territorial gesehen das drittgrößte. Es kam dort wiederholt zu großen Aufständen und Kriegen. In zwei Fällen mündeten Kriege in einen Genozid. 1904–1907 traf es die Herero und Nama im Kolonialgebiet Deutsch-Südwestafrika im heutigen

Namibia: rund 80 Prozent der 80 000 Herero und zehn Prozent der 20 000 Nama wurden getötet und weitere Tausende Nama, Herero, San und Damara in Konzentrationslagern gefangen gehalten. In Deutsch-Ostafrika kam es 1905–1906 zu einem genozidalen Krieg gegen mehr als 20 ostafrikanische Gesellschaften, die sich zum so genannten Maji-Maji-Aufstand verbündet hatten. Die Mehrheit der Bevölkerung kam nicht bei Kampfhandlungen ums Leben, sondern starb, weil die Armee, die sich zynisch «Schutztruppe» nannte, Dörfer, Felder und Wälder niederbrannte. Auf deutscher Seite starben 15 Europäer, 316 Angehörige der Hilfstruppen und 73 zu Askaris ausgebildete Schwarze. Auf Seiten der Aufständischen verloren zwischen 75 000 und 300 000 Menschen ihr Leben. Völkermord und Konzentrationslager im Zusammenspiel mit Deportation und Versklavung, Vergewaltigung und Folterung, Prügelstrafe und Zwangsarbeit, Kopfsteuer und Landraub – das war im Kaiserreich mehrfach Gegenstand erbitterter öffentlicher und politischer Debatten.

44. Warum begrüßte Karl Marx den britischen Imperialismus?
Die Schriften der beiden Historiker Augustin Thierry (1795–1856) und Francois Guizot (1787–1874) bildeten eine wichtige Quelle für Karl Marx (1818–1883) und Friedrich Engels (1820–1895). Auf die beiden Franzosen geht nicht nur das Postulat, alle Geschichte sei eine Geschichte von Klassenkämpfen, das Marx und Engels wirkungsmächtig entfalteten, zurück. Der «Klassenkampf» selbst war eine Fortentwicklung des Theorems vom «Rassenkampf», wie ihn die beiden Historiker vertraten und damit keine Außenseiterposition einnahmen. Marx und Engels bauten ihre Theorie nicht nur auf Versatzstücken naturkundlicher Beobachtungen und Erkenntnisse auf, zugleich ist ihr Versuch, gesellschaftliche Entwicklungsgesetze (Gesellschaftsformationstheorie) ähnlich angeblicher Naturgesetze zu konstruieren, eine ganz und gar zeittypische Erscheinung im Jahrhundert der Wissenschaften. In *Die Lage der arbeitenden Klasse in England* (1845) verknüpft Engels «Rassenkampf» und «Klassenkampf» anschaulich. Arbeiter und Bourgeoisie, fasst er zusammen, seien «zwei ganz verschiedene Völker, so verschieden, wie sie der Unterschied der Rasse nur machen kann». Die «Klasse» sei als Teil des Industrialisierungsprozesses gleichsam mit natürlicher Gewalt entstanden. Soweit sie «an sich» existiere, entspreche sie selbst noch einem unbewussten Entwicklungszustand, wie er im Prinzip in der

Natur zu beobachten sei. Erst wenn die «Klasse für sich» konstituiert, also mit dem nötigen Bewusstsein und den notwendigen politischen Strukturen ausgestattet sei, unterschieden sich menschliche Gesellschaftsprozesse von Naturprozessen.

Engels baute seine historischen Betrachtungen über die Deutschen (1881/82) auf «rassetheoretischen» Annahmen seiner intellektuellen Zeitgenossen auf. Bei Marx zeigt sich die enge Verzahnung von revolutionärer Zukunftserwartung, historisch-gesetzmäßiger Weltdeutung einerseits und typischen Zeitdiagnosen einschließlich kolonialer Herrschaftspraxis andererseits besonders deutlich in seinen Aufsätzen zu Indien (1853). Anders als viele andere Autor_innen seiner Zeit brandmarkte er scharf die brutale Herrschaftspolitik des britischen Empires in Indien wie die europäische Eroberungspolitik überhaupt. Weil Marx aber zugleich davon überzeugt war, dass Gewalt in der Geschichte der Geburtshelfer neuer Gesellschaften sei, konnte er der Kolonisierung «an sich» durchaus positive Seiten abgewinnen. Denn das britische Empire habe, so Marx, die Voraussetzungen für eine «radikale Revolution der sozialen Verhältnisse in Asien» geschaffen und sich so als «das unbewusste Werkzeug der Geschichte» erwiesen. Er kritisiert, dass die britischen Eroberer die alten Gesellschaftsstrukturen zerstört hätten, ohne neue zu errichten. Indiens Kolonisierung erscheint bei ihm zweifach logisch. Erstens würde damit der ohnehin *gesetzmäßig* anstehende Modernisierungsprozess beschleunigt. Zweitens konstatiert Marx in diskursiver Nähe zu Hegel: «Die indische Gesellschaft hat überhaupt keine Geschichte, zumindest keine bekannte Geschichte.» Er gibt zudem zu bedenken, dass die «indischen Eingeborenen» selbst in einem Zustand roher Naturgewalt gelebt hätten und deshalb die Kolonisierung befördere, was die Einheimischen allein nicht zu Wege brächten. Vor diesem Hintergrund wiederum könne, so qualvoll dies auch mit anzusehen sei, die Kapitalisierung und gewaltvolle Klassenbildung in der indischen Gesellschaft historisch nur begrüßt werden.

Dass die Klassentheorie aus einer ursprünglichen «Rassenhierarchie» adaptiert war, liegt nicht nur wegen der Zeitgebundenheit des Marxschen Denkens auf der Hand, sondern ist ebenso begründet in der materialistisch-gesetzmäßigen Geschichtssicht, die eine Fortschrittsgeschichte vom Niederen zum Höheren konstatiert und so mindestens aus klassentheoretischer Sicht Europas selbstbestimmte globale Avantgarderolle stützt. Zudem fungiert bei Marx und Engels ganz selbstverständlich und kompromisslos das *weiße* Subjekt als Geschichtsakteur, während andere «Rassen» in diesen Entwicklungsstand zunächst einmal gezwungen werden müssten, um selbst zum Geschichtsakteur werden zu können. Aber immerhin wird hier den «Anderen» überhaupt die Möglichkeit zu dieser Entwicklung zugestanden.

45. Warum kennt sich Tarzan so gut im «Dschungel» aus? Edgar Rice Burroughs' *Tarzan* ist eine Legende, die am 27. August 1912 geboren wurde, als *Tarzan bei den Affen* in der Oktoberausgabe des *All-Story Magazine* erschien – 23 Fortsetzungen folgten. Die *Internet Movie Database* enthält mehr als 100 Filme, die das Wort *Tarzan* im Titel führen.

Seit der Antike kennen wir Geschichten von Helden, die von Tieren aufgezogen werden. Die Wolfskinder Remus und Romulus sind das berühmteste Beispiel. Tarzan wird von Affen aufgezogen – jenen Tieren, die wie keine anderen vom Rassismus benutzt wurden, um afrikanische Menschen zu symbolisieren. John Locke (1632–1704) etwa erklärte, dass Weiße und Afrikaner_innen verschiedene Spezies seien, weil Letztere aus einer «Kreuzung» von Menschen und Gorillas hervorgegangen seien. Diese angebliche Verbindung lässt das *Grammatisch-kritische Wörterbuch der Hochdeutschen Mundart* 1793 behaupten, dass sich der Name Afrika «von den Affen» herleite. 1855 schreibt Ludwig Büchner (1824–1899) in einem kommerziell überaus erfolgreichen Buch: Dagegen erinnerten Schwarze «nach der vortrefflichen Schilderung von Burmeister ebensowohl in seinem geistigen wie in seinem physischen Wesen aufs auffallendste an den Affen. Dieselbe Nachahmungssucht, dieselbe Feigheit, kurz dasselbe in allen Charaktereigentümlichkeiten! (...) Man hört oft sagen, die Sprache sei ein so charakteristisches Unterscheidungszeichen zwischen Mensch und Tier, welches keinen Zweifel über die tiefe Kluft zwischen beiden lasse. Die so reden, wissen freilich nicht, dass auch die Tiere sprechen können.»

Burroughs' Affen sind nicht als eine real existierende Affenart zu erkennen, sondern als «große Anthropoiden», die eine eigene Sprache sprechen, das Mangai, und damit menschlicher sind als jede real existierende Affenart. Seine Präsentation der Affen unterscheidet sich nur graduell von der Darstellung afrikanischer Menschen, die bei Burroughs mit allen bekannten rassistischen Vokabeln als «primitiv» und «wild» bezeichnet werden. Tarzan bleibt ihnen ebenso entrückt und überlegen wie dem Kontinent Afrika.

In der Fiktivsprache Mangai bedeutet *Tar-zan* «weiße Haut», die ihn von den Menschenaffen und den afrikanischen Menschen gleichermaßen absetzt. Tarzans *weiße* Haut symbolisiert eine durch keine noch so wilde Natur auszulöschende Verwurzelung in der westlichen Kultur. Dies erklärt, warum er – so wenig wie Robinson Crusoe – das Beherrschen des Regenwaldes nicht erst von jenen erlernen muss, die schon immer dort leben. Vielmehr ist seiner prinzipiellen «zivilisatorischen Überlegenheit» die Fähigkeit immanent, auch die Natur (des kolonisierten Raums) beherrschen zu können, einschließlich der Dort-Geborenen.

Das «Tarzan-Syndrom» ist ein gängiger Topos, der in zahlreichen Filmen, Texten und Dokumentationen zugereiste Weiße den Ortsansässigen die Natur erklären und sie vor deren Gefahren beschützen lässt. In logischer Konsequenz hieß das auch, dass nichteuropäische Gesellschaften von den «zivilisierten Kulturen» kontrolliert und beherrscht werden müssten – im Mythos Tarzan lebt dieses Denken fort.

46. Haben Nationalsozialismus und Kolonialismus etwas miteinander zu tun? Diese Frage ist in der Wissenschaft heftig umstritten. In die Antworten fließen nicht nur wissenschaftliche, sondern auch geschichtspolitische Argumente ein. Eine nüchterne Betrachtung ruft in Deutschland auch heute noch harsche Gegenwehr auf, die schnell mit dem Vorwurf agiert, dahinter stecke der Versuch, den Nationalsozialismus zu relativieren. Dass diese Torwächter_innen historischer Erkenntnisse wiederum den Kolonialismus verharmlosen könnten, stört – zumindest sie selbst – weitaus weniger.

Die rassistischen Herrenmenschenideologien, die den westlichen Handel mit Schwarzen Menschen und den Kolonialismus ideologisch zu legitimieren suchten, und die kolonialistische Praxis von Vertreibung, Verschleppung, Rassengesetzgebung, Konzentrationslagern, Massenmord oder Genozid bildeten zusammen mit der Theorie und Praxis des Antisemitismus den Boden, auf dem der Nationalsozialismus gedieh.

Der Nationalsozialismus benötigte keine neuen «Rassentheorien». Er konnte anschließen an längst Vorhandenes. Der Eugeniker Eugen Fischer (1874–1967) betonte z. B. folgerichtig, er habe diese

Disziplin in Deutschland lange vor den Nationalsozialist_innen eingeführt. Dem Aufstieg des Nationalsozialismus lag ein Ursachenbündel zugrunde, das mit Stichworten wie I. Weltkrieg, Weltwirtschaftskrisen, Versailles u. a. nicht hinreichend umrissen ist. Denn die Entfaltung des Nationalsozialismus geschieht im Kolonialzeitalter gerade in dem Land, das sämtliche kolonialen Besitztümer verloren hatte und an kolonialen Sehnsuchtsfantasien umso intensiver festhielt. Der Zweite Weltkrieg wurde von Deutschland nicht einfach nur global geführt, sondern mit dem Ansinnen, die Welt neu aufzuteilen. Hitler strebte zunächst die Herrschaft über Europa an, die dann automatisch auch Deutschlands imperiale Expansion und die Herrschaft über die Kolonialreiche eingeschlossen hätte: So schreibt er 1927 im zweiten Band von *Mein Kampf*: «Der richtige Weg wäre schon damals [Ende des 19. Jahrhunderts, S. A.] der dritte gewesen: Stärkung der Kontinentalmacht durch Gewinnung neuen Bodens in Europa, wobei gerade dadurch eine Ergänzung durch spätere koloniale Gebiete in den Bereich des natürlich Möglichen gerückt erschien.» Spätere Planungen im Zweiten Weltkrieg zeigten, dass die Nationalsozialist_innen nach diesen Ideen vorgingen. So beschreibt auch der postkoloniale Theoretiker Robert Young den Nationalsozialismus zutreffend als «European colonialism brought home to Europe by a country that had been deprived of its overseas empire after World War I.»

In Konsequenz der Kontinuität von Kolonialismus und Nationalsozialismus stilisierten die Nationalsozialist_innen die Pioniere des deutschen Kolonialismus zu Nationalhelden. Insbesondere in Carl Peters (1856–1918), einem deutschen Kolonialverbrecher, sahen sie das national-heroische Vorbild eines Herrenmenschen. So wurde 1940 der Film *Carl Peters* mit dem Kinostar Hans Albers (1891–1960) in der Titelrolle gedreht, in dem Peters als aufrechter, gerechter Kolonisator erscheint. Obwohl der Film militant nach einem deutschen Kolonialreich verlangt und zudem noch antisemitisch und antibritisch ist, wurde er noch 1980 von einer ARD-Anstalt ausgestrahlt. Mittlerweile ist es verboten, mehr als zehn Minuten dieses Films öffentlich zu zeigen.

47. Was erachteten Deutsche nach dem Ersten Weltkrieg als «Schande»?

Im Ersten Weltkrieg kämpften nicht nur Weiße gegeneinander. In allen Armeen waren auch Schwarze kriegsdienstverpflichtet, die zumeist in den Kolonien kämpften. Vor allem Frankreich setzte auch in Europa Schwarze Soldaten ein. Die deutsche Kriegspropaganda stellte dies als besondere Ungeheuerlichkeit heraus, weil dadurch die «deutsche weiße Rasse» von einer niederen «Rasse» bekämpft werde. Diese «Rassenpropaganda» verschärfte sich nach dem Krieg, als im Zuge der französischen Besatzung auch etwa 20–25 000 Schwarze Soldaten im Rheinland stationiert wurden. Eine bis dahin beispiellose und über Jahre hinweg andauernde Propagandahetze gegen Schwarze wurde daraufhin von den Deutschen entfesselt, die die «reine *weiße* Frau» und damit die deutsche Nation bedroht sahen. Auf einem berühmten Titelblatt des *Kladderadatsch* war am 30. Mai 1920 ein angsteinflößender Gorilla mit französischer Militärmütze und Marschgepäck abgebildet, der eine *weiße* Frau gegen ihren Willen verschleppt. Im Hintergrund ist ein Fluss zu erkennen, der sich durch die Bildunterschrift als Rhein zu erkennen gibt. Dort steht: «Der schwarze Terror in deutschen Landen.» Die Soziologin Iris Wigger hat gezeigt, dass sich an dieser «Schwarzen Schande», wie es zeitgenössisch hieß, Rassismus zeige, der die Kategorien Geschlecht, Nation, «Rasse» und Klasse gleichermaßen miteinander verknüpfte. Niemand anderes als Adolf Hitler hat dies im ersten Band von *Mein Kampf* 1925 verdeutlicht, als er seinen bevorstehenden Kampf gegen Kapitalismus, Marxismus, Jüd_innen und «Nicht-Arier_innen» u. a. auch so begründete: «Juden waren und sind es, die den N. an den Rhein bringen, immer mit dem gleichen Hintergedanken und klaren Ziele, durch die dadurch zwangsläufig eintretende Bastardisierung die ihnen verhasste weiße Rasse zu zerstören, von ihrer kulturellen und politischen Höhe zu stürzen und selber zu ihren Herren aufzusteigen.»

In den 1920er Jahren gingen aus Beziehungen zwischen *weißen* deutschen Frauen und Schwarzen Soldaten der französischen Besatzungsarmee etwa 600 Kinder hervor. Sie wurden rassistisch «Rheinlandbastarde» genannt. Die Nationalsozialist_innen brauchten von der deutschen Gesellschaft keine Proteste zu befürchten, als sie diese ab 1937 zwangssterilisierten. Sie erlangten als Opfer des NS-Regimes nach 1945 lange Zeit keine Anerkennung.

48. Wer befreite Deutschland vom Nationalsozialismus? Der Zweite Weltkrieg, von den Achsenmächten Deutschland und Japan entfesselt, begann am 7. Juli 1937 und endete am 2. September 1945. Diese Daten setzen aber voraus, den Weltkrieg auch als solchen zu begreifen und nicht allein die europäischen Kriegsschauplätze (1. September 1939 bis 8./9. Mai 1945) im Blick zu haben. Über 60 Staaten waren weltweit beteiligt, über 110 Millionen Menschen standen unter Waffen und bis zu 70 Millionen Menschen kamen ums Leben.

Der senegalesische Schriftsteller Sembène Ousmane (1923–2007) wies u. a. mit seinen Filmen *Emitai* (1971) und *Camp de Thiaroye* (1989) sehr erfolgreich auf ein zentrales Kapitel der Weltkriegsgeschichte hin, das in Europa und vor allem Deutschland bis heute weithin unbeachtet geblieben ist. Darin spürt er mit künstlerischen Mitteln, aber auf Tatsachen beruhend nach, wie Afrikaner_innen am Kampf für die Befreiung von Faschismus und Nationalsozialismus beteiligt waren. Das gilt analog auch für Millionen Asiat_innen, Australier_innen und Amerikaner_innen.

Im Zweiten Weltkrieg kämpften auf Seiten der Alliierten Millionen People of Color. Ihre Motive und Erfahrungen mögen verschieden gewesen sein, jedoch ist ihr Beitrag zur Zerschlagung des NS immens. Millionen von ihnen kehrten körperlich wie seelisch beschädigt, aber auch revolutioniert zurück. Die Erfahrungen, die sie im Zweiten Weltkrieg sammelten, gelten als wichtiger Katalysator für den antikolonialen und antirassistischen Befreiungskampf. Sie hatten weltweit erlebt, dass die unterdrückenden *weißen* Gesellschaften verwundbar sind. Zugleich mussten sie selbst im Krieg zusätzlich zu den üblichen Kriegsgräueln den Rassismus überleben. Das betrifft nicht nur den Rassismus der deutschen Wehrmacht: Wegen der Rheinlandbesetzung und wegen der rassistischen NS-Ideologie, die Schwarze als «Untermenschen» hinstellte, internierte die Wehrmacht zunächst keine Schwarzen Kriegsgefangenen. Sie hat Tausende Schwarze Soldaten nach ihrem Einmarsch in Frankreich 1940 in regelrechten Massakern hingerichtet. Dies gehört zum deutschen Vernichtungsfeldzug im Osten als schreckliche Ouvertüre im Westen dazu. Doch auch in den Reihen der Armeen, in denen People of Color für die Freiheit in Europa gekämpft hatten, wurden sie sowohl während der Kriegshandlungen wie auch danach rassistisch diskriminiert. Dieses Konglomerat an Erfahrungen wurde zu einem wichtigen Motor der antikolonialen Befreiungsbewegungen auf der ganzen Welt und auch des Kampfes gegen den Rassismus in den USA.

In den USA konnten Schwarze nach ihrer Rückkehr diese Erfahrungen für ihren eigenen Freiheitskampf nutzen. Eine Zeitschrift der Schwarzen Bürgerrechtsbewegung fragte am 1. Juni 1945: Wieso können wir den deutschen Rassismus beseitigen, unseren eigenen aber nicht? Obgleich der Zweite Weltkrieg die Beendigung der Segregation in der US-Army beförderte, dauerte die praktische Durchsetzung noch Jahrzehnte. Tatsächlich sind z. B. viele Schwarze Soldaten nach ihrer Rückkehr in die USA rassistisch diskriminiert worden, gerade weil ihnen der Rassismus die Anerkennung verweigern wollte, gleichberechtigt auf der Seite der Befreier_innen und Sieger_innen zu stehen. Es kam zu gewalttätigen Übergriffen auf Schwarze Kriegsheimkehrer. In der dreiteiligen BBC-Fernsehdokumentation *Racism: A History* (2007) wird berichtet, dass 1946 im Durchschnitt ein Schwarzer Soldat pro Woche in den USA deshalb sein Leben verlor.

Weder weltweit noch, und besonders, in Deutschland ist annähernd angemessen gewürdigt worden, dass an der Befreiung vom Nationalsozialismus Millionen Schwarze beteiligt waren und Hunderttausende von ihnen für Freiheit und Demokratie, auch in Deutschland, ihr Leben opferten.

49. Was war der Porajmos? *Porajmos* bedeutet im Romani «das Verschlingen» und bezeichnet den nationalsozialistischen Genozid an den europäischen Sinti und Roma. Anders als die Shoa war es nach 1945 lange Zeit nicht selbstverständlich, den Genozid an den Sinti und Roma und den anderen als «Zi.» Verfolgten auch als solchen zu benennen und anzuerkennen. Dafür waren zwei Gründe ausschlaggebend. Zum einen konnten nicht nur viele Nationalsozialist_innen, die mitverantwortlich für diesen Genozid waren, ihre Karrieren nach 1945 in der Bundesrepublik fortsetzen, auch die Institutionen und die dort angehäuften Materialien sind in die neuen Institutionen, zum Teil nur unter Änderung des Namens, überführt worden. Zum anderen blieb der ziganistische Rassismus über das Jahr 1945 hinaus ungebrochen bestehen.

Sinti und Roma ist nicht nur lange Zeit der Status als «aus rassistischen Gründen» Verfolgten vorenthalten worden. Vielmehr wurde behauptet, sie seien «nur» als «Asoziale, Arbeitsunwillige, Nichtsesshafte» verfolgt worden, weil sich der «deutsche Volkskörper» vor ihnen zu schützen suchte. Außerdem seien sie «bekanntlich» aus «kriminalpräventiven Gründen und Gründen der Spionageabwehr» verfolgt worden. Der ziganistische Rassismus der Nationalsozialist_innen setzte sich also fort: nicht die einzelne Person, sondern eine ganze Gruppe, die zur «Rasse» erklärt wurde, stand unter einem Generalverdacht. So hieß es noch 1956 in einem Urteil des Bundesgerichtshofes zur Frage der Anerkennung als NS-Opfer: «Die Zi. neigen zur Kriminalität, besonders zu Diebstählen und Betrügereien. Es fehlen ihnen vielfach die sittlichen Antriebe zur Achtung vor fremdem Eigentum, weil ihnen wie primitiven Urmenschen ein ungehemmter Okkupationstrieb eigen ist.» Diese Verleugnungsrhetorik gipfelte in der Weigerung, zwangssterilisierten Sinti und Roma einen Anspruch auf Entschädigung zuzusprechen. Sie seien nicht aus «rassischen Gründen» sterilisiert worden, sondern auf der Grundlage des «Gesetzes zur Verhütung erbkranken Nachwuchses» (1933) – die ihnen zugewiesene «Rasse» galt als «latent schwachsinnig».

Erst 1963 ist ihnen durch ein Urteil des Bundesgerichtshofs zugestanden worden, dass sie von 1938 bis 1945 «auch» aus «rassischen Gründen» verfolgt worden sind. Noch Ende der 1970er Jahre waren Mediziner und Anthropologen in einflussreichen Positionen, die bereits in den 1930er und 1940er Jahren an grausamen nationalsozialistischen Menschenversuchen im Rahmen der so genannten «Zi.forschung» beteiligt waren.

Dem Porajmos fielen zwischen 100 000 und 500 000 Sinti und Roma aus Europa zum Opfer. Viele kamen durch Hunger und Krankheiten ums Leben, etliche andere sind bei Massenerschießungen hingerichtet oder in Vernichtungslagern vergast worden. Wie die Jüd_innen mussten sie in der Öffentlichkeit gekennzeichnet sein. Die Diskriminierung und Verfolgung der Sinti und Roma geschah nicht an der Öffentlichkeit vorbei – sie war sogar Teil der NS-Propaganda.

1992 ist beschlossen worden, ein Denkmal für die im Nationalsozialismus ermordeten Sinti und Roma in Berlin zu errichten. Nach jahrelangen Debatten über die konkrete Gestaltung steht es kurz vor der Einweihung.

50. Was war Apartheid? Mit Apartheid wird eine diktatorische Herrschaftsform bezeichnet, deren Grundlage eine strikte und gesetzlich verordnete «Rassentrennung» bildet. Das Afrikaans-Wort bedeutet *Getrenntheit*. Historisch wird mit Apartheid im engeren Sinne das politische Regime in Südafrika zwischen 1948 und 1994 bezeichnet. In einem weiteren Sinne sprechen Historiker_innen und

Politiker_innen auch von Apartheid für Südafrika vom Beginn des 20. Jahrhunderts bis 1994.

Das südafrikanische Regime erließ ab 1948 tausende Gesetze, die eine tiefe Segregation von Staat und Gesellschaft zur Folge hatten und jährlich Hunderttausende Schwarze ins Gefängnis brachte – etliche von ihnen kamen dort ums Leben. Zehntausende starben bei Massakern und Protestversammlungen, in die die Polizei wahllos hineinschoss. Das Regime betrieb ein Foltersystem und zwang Schwarze, in speziell ausgewiesenen Gebieten zu leben. Keine Schwarze Familie in Südafrika hatte zwischen 1948 und dem Ende der Apartheid nicht Opfer dieser brutalen Politik aufzuweisen. Vor allem in den frühen sechziger und dann ab Mitte der siebziger Jahre gab es eine wirkungsvolle und mächtige Widerstandsbewegung gegen das Apartheid-Regime. Letztlich musste dieses unter dem steigenden Druck, aber auch aufgrund internationaler Isolation und erheblicher Wirtschaftsprobleme, 1990 verkünden, dass die Apartheid abgeschafft werde. Das geschah 1994.

Zur Geschichte der Apartheid – die hier nicht einmal stichpunktartig wiedergegeben werden kann – gehört auch, dass viele westliche Staaten und Firmen heimliche oder offene Förderer des Apartheid-Regimes waren. Die Bundesrepublik war einer der wichtigsten Außenhandelspartner Südafrikas – trotz internationaler Embargobestimmungen. Nelson Mandela und sein ANC galten im Westen einigen Regierungen noch 1988/89 als «terroristisch».

IV. Rassismus (in) Begriffen

51. Wie wird rassistisches Sprechen gerechtfertigt? Die Bedeutung von Sprache lässt sich schwerlich überschätzen. Im Kontext von Rassismus dient sie seit jeher zur abwertenden Fixierung und Markierung von als anders konstruierten Menschen – sowohl nach außen als auch nach innen. Es ist bemerkenswert, dass dabei nur selten auf den vorhandenen Wortschatz zurückgegriffen wurde. Stattdessen formierte sich in den europäischen Sprachen ein neuartiges Vokabular. Entweder wurden gänzlich neue Wörter erfunden oder es wurden bestehende Begriffe herangezogen, die im europäischen Kontext abwertend benutzt werden. Außerdem wurde auf Termini zurückgegriffen, die ihren Sinngehalt aus einem evolutionistischen Konzept von gesellschaftlicher Entwicklung bezogen und im aktuellen Sprachgebrauch bis heute mindestens «Primitivität», wenn nicht gar «Barbarei» unterstellen. Im Kern zielen beide Strategien – der Neologismus ebenso wie das Füllen bestehender Wörter mit neuen Bedeutungsinhalten – darauf ab, Europa als überlegenen Ort von Kultur und «Zivilisation» zu verorten und jene Menschen und Territorien, die es homogenisierend als sein «Anderes» konstruierte, als unterlegenen Schauplatz von «Natur» und abwesender «Zivilisation» zu imaginieren. Dort gebe es lediglich «Noch-nicht-Kulturen», die sich im «Warteraum der Geschichte» befänden (Dipesh Chakrabarty).

Viele der fraglichen Begriffe finden in Medien, Schulbüchern oder der Alltagssprache weitgehend unhinterfragt Verwendung oder werden sogar verteidigt. Die Rechtfertigungen folgen den immer gleichen Mustern.

1. *Ich habe gar nicht gewusst, dass dieses Wort abwertend ist.* Die Konstatierung dieses Nicht-Wissens bedeutet in der Regel nicht, dass die betreffende *weiße* Person – trotz Kritik oder Erklärung – ihre gewohnte Sprechpraxis aufzugeben bereit ist. Vielmehr schließt sich daran häufig die Begründung an:

2. *Das sagen doch alle so. Früher ist das Wort nicht diskriminierend gewesen, und ich persönlich meine das Wort auch gar nicht rassistisch.* Da Sprache durch historische, gesellschaftliche, soziale und kulturelle Zusammenhänge geprägt ist, ist das Kriterium, wie ein Wort individuell und persönlich gemeint ist, schlichtweg irrelevant. Genauso wenig taugt als Argument, dass es «alle» schon immer benutzt hätten.

3. *Dieses Wort ist nun einmal ein historischer Begriff oder ein historisches Zeugnis. Es gehört einfach zu uns.* «Uns» meint nur ein *weißes* Kollektiv. Und für «historische Begriffe» gibt es gerade in Deutschland sehr viele andere Beispiele, die wir mit guten Gründen nicht mehr benutzen.

4. *Dieses oder jenes Wort ist ja «nicht so wichtig». Du weißt doch, was ich meine/dass ich nicht so denke.* Oder: *Wir sollten nicht zu sehr an der Wortwahl kleben.* Hier wird Sprache als Zustand dem Handeln als Prozess gegenübergestellt und implizit als Nicht-Handlung bzw. inhaltslos ausgegeben. Zudem wird eine angebliche historische und gegenwärtige Neutralität gewordener Begriffe unterstellt und stilisiert.

5. *Ein Insistieren auf das Vermeiden rassistischer Wörter ist schon deswegen unsinnig, weil sich dadurch ohnehin nichts ändert bzw. dass sich zunächst die «Wirklichkeit» ändern müsse.* Wie aber könnte sich in der Gesellschaft etwas ändern, wenn niemand adäquat darüber spricht?
6. *Das mag ja alles stimmen, aber es gibt (leider) keine anderen Begriffe.* Alternative Begriffe gibt es durchaus. Der bewusste Verzicht auf rassistische Begriffe führt nicht zu terminologischen Leerstellen. Er setzt aber aktives Arbeiten voraus, wozu unter anderem gehört, sich mit den Gegenbezeichnungen von rassistisch Diskriminierten zu befassen, diese in den eigenen Sprachwortschatz zu integrieren und im Alltag anzuwenden.
7. *Das ist mir viel zu pc!* Es ist in der Regel kein Kompliment, wenn etwas als «political correct» bezeichnet wird. Gemeint ist häufig, dass politisch überzogen und überempfindlich agiert werde. So werden im Bumerangverfahren diejenigen, die etwas als rassistisch bezeichnet haben, in die Position gebracht, sich verteidigen und erklären zu müssen.
8. *Ich kenne einen Schwarzen, und der hat gar nichts gegen das Wort.* Oder: *Schwarze bezeichnen sich doch selbst so.* Es macht einen Unterschied, wer in welchem Zusammenhang welchen Begriff warum verwendet. Anders ausgedrückt: Die Semantik ist abhängig vom Kontext der Sprechenden.

52. Woran erkenne ich rassistische Wörter? Um den rassistischen Gehalt von Wörtern zu erkennen, ist es sinnvoll, folgende Fragen zu stellen.
1. *Es ist aufschlussreich, die Entstehungsgeschichte eines Wortes zu befragen: Wie und wann ist ein Begriff entstanden? Was bzw. wer wurde damit bezeichnet? Wer hat ihn benutzt und mit welchen Wertungen versehen?*
Die Bezeichnung «Mulatte» lässt sich beispielsweise etymologisch aus dem spanisch-portugiesischen *mulato* von *mulo*, Maulesel, Maultier, einer Kreuzung zwischen Pferd und Esel herleiten, die keinen Nachwuchs bekommen kann. Mit dieser Anlehnung wird nicht nur impliziert, dass die Eltern dieser Kinder angeblich zwei verschiedenen «Rassen» angehören. Hinzu kommt, dass ein aus der Tierwelt stammender Begriff auf Menschen übertragen wurde, um rassistisch zu behaupten, Kinder aus Beziehungen zwischen Schwarzen und Weißen seien unfruchtbar.

2. *Es ist wichtig, sich den (aktuellen) Gebrauchsgehalt eines Begriffs bewusst zu machen: Welche der ursprünglichen Bedeutungsteile sind erhalten, werden heute auch immer noch reproduziert, schwingen in der Verwendung mit bzw. welche neuen/zusätzlichen Konnotationen hat das Wort?*

Der Begriff «Farbige_r» spielt auf die «Hautfarbe» eines Menschen an und suggeriert, Weiße hätten keine «Haut-Farbe». Denn wenn die einen so, also als «bunt», markiert werden, schwingt zugleich die Annahme mit, es gäbe Menschen, die keine Farben hätten. Bezogen auf Weiße negiert der Begriff «Hautfarbe», dass alle Farbtöne von Haut Haut-Farben sind. Dabei reproduziert der oben genannte Begriff, dass es die Norm sei, *weiß* zu sein. Im Begriff People of Color bleibt zwar «farbig» metaphorisch erhalten, allerdings widersetzt sich das vorangestellte «people» (= Menschen) der rassistischen Annahme, rassistisch markierte Menschen seien keine bzw. minderwertige Menschen. Dabei hat People of Color zudem gegenüber der Bezeichnung «people»/»Menschen» den Vorteil, nicht auszublenden, sondern vielmehr zu unterstreichen, dass diese Menschen vom Rassismus diskriminiert werden.

3. *In welchen Wortkombinationen und -zusammensetzungen, Phrasen, Redensarten und Redewendungen kommt ein fraglicher Begriff vor? Durch diese Perspektive können zum einen abwertende Konnotationen eines Wortes bewusst gemacht werden. Zum anderen kann so gezeigt werden, wie in angeblich wertneutralen Formulierungen diskriminierende Wörter unreflektiert verwendet und dadurch beständig reproduziert werden.*

In der Phrase «ich bin doch nicht dein N.» wird beispielsweise die Vorstellung transportiert und verfestigt, dass mit diesem Wort bezeichnete Menschen zu Hilfsdiensten für Weiße geboren wurden. Es liegt auf der Hand, dass dem «N-Wort» eine negative Bedeutung anhängt und nicht wertneutral gebraucht werden kann.

4. *In jedem Fall ist es lohnend, Assoziationen abzurufen, die sich mit einem Wort verbinden.* So könnte man fragen: «Schließen Sie bitte die Augen und stellen Sie sich einen ‹Häuptling› vor, was sehen Sie?» Die Antworten enthalten immer kolonialistische Fiktionen und Fantasien.

5. *Es kann gefragt werden, ob das Wort auch auf den deutschen/europäischen Kontext bzw. Weiße übertragen werden könnte, also beispielsweise getestet werden, wie sich der Begriff für weiße Deutsche als Eigenbezeichnung anfühlen würde.*

Warum werden beispielsweise Deutsche oder Schott_innen nicht als «Stämme» oder «Eingeborene» bezeichnet, warum ein Schwarzer Deutscher, nicht aber ein Kind aus einer Weißen französisch-deutschen Beziehung als «Mischling», warum Holzkreuze nicht als «Fetisch»?

6. *Es kann geprüft werden, ob es sich um symmetrische oder asymmetrische Begriffsverwendungen handelt.*
Gerade bei Benennungen, die aus zwei Wörtern bestehen und in denen der erste Bestandteil den zweiten in der Regel näher spezifiziert, kann gefragt werden, ob es ein Pendant dazu gibt oder ob es sich um eine einseitige Spezifizierung handelt, so dass eine Normvorstellung unbenannt bleibt. Warum wird beispielsweise von «Bananenrepublik» geredet, nicht aber von «Kartoffelrepublik»?

53. Was haben «Hottentotten» und «Buschmänner» mit «Barbaren» zu tun? Ganz einfach: es gibt sie nicht, jedenfalls nicht außerhalb eines kolonialistisch geprägten Sprachgebrauchs. Es handelt sich um Neologismen, die sich nicht auf linguistisch, kulturell oder gesellschaftlich klassifizierbare Gruppen beziehen.

Ursprünglich war «Barbaren» im Griechischen ein «Schallwort», das den Griechen unvertraut klingende Lautbildungen und unverständliches Sprechen nachahmen sollte. Aus Sicht der Griechen verfügten die so Bezeichneten wie Tiere über keine menschliche Sprache. Letztlich meinten sie damit alle Nicht-Griechen. Im Kontext des modernen Kolonialismus wurde der Begriff aufgegriffen und auf People of Color übertragen. Auch ihnen wurde nun unterstellt, sie besäßen keine (richtige) Sprache – und seien deshalb keine «richtigen» Menschen. Tausende von Sprachen Afrikas, der Amerikas, Asiens und Australiens wurden in kühnem Duktus als Dialekte bezeichnet – und verboten. People of Color wurden gezwungen, die Kolonialsprachen zu lernen, nicht ohne zu betonen, dass diese intellektuell von der Komplexität *dieser* Sprachen *natürlich* überfordert seien.

In diesem Kontext entstand auch «Hottentotten» als Wortschöpfung, die aus dem Niederländischen ins Deutsche übernommen wurde, womit all jene Gesellschaften des südlichen Afrika in einen Topf geworfen wurden, in deren Sprachen implosive Konsonanten, so genannte «Schnalzlaute» oder *Clicks*, vorkommen.

Genau genommen müsste jene Gesellschaft, die als «Buschmänner» bezeichnet wird, ebenfalls zu den «Hottentotten» zählen, denn auch ihre Sprache baut auf ein komplexes System von Clicks auf. Unter dem Begriff «B.» wurden jedoch verschiedene Völker zusammengefasst, die in der Halbwüste Kalahari leben. Nicht zuletzt, weil diese Gebiete von Weißen schwerer zu kontrollieren (und zu unterwerfen) waren, wurden sie als *noch* naturverbundener als andere Schwarze deklariert.

Dieser Ansatz gipfelt in der Annahme, dass «B.» eine Affenart seien. So schreibt ein Kolonialist in seinem «Jagdtagebuch»: «Am leichtesten sind diese gelben Halbaffen abzuschießen, denn sie können mit ihren zwei Beinen nicht so schnell flüchten wie die vierbeinigen Wildtiere.» In der Hinsicht erging es ihnen wie den «Pygmäen». Der Anthropologe und Arzt Edward Tyson erklärte, sie seien Affen und keine Menschen. «Umgekehrt war der Glaube weit verbreitet», bemerkt Christian Koller, «die Menschenaffen seien eine niedere Spezies Mensch, die sich nur zu sprechen weigerten, damit sie nicht versklavt würden.»

Im Begriff «B.» drückt sich zudem, ebenso wie in «Häuptling» oder «Medizinmann», die Logik aus, gesellschaftliche Phänomene nur mit Männern zu assoziieren. Dadurch kommt es nicht selten zu eigentümlichen Sprachverrenkungen, die die Absurdität dieser Begriffe (ungewollt) unterstreichen. So heißt es etwa im aktuellen *Duden* zum Begriff «B.»: «Angehöriger eines in Namibia, Botswana und Angola lebenden Volkes; *Buschmannfrau.*»

54. Wer mauschelt? Wer «mauschelt» lügt, handelt undurchsichtig oder unredlich. Es werden unter der Hand Vorteile ausgehandelt oder Geschäfte gemacht, die jemanden übervorteilen. Der Gebrauch des Wortes ist vielen Deutschen geläufig. Nicht alle aber wissen, dass diese Idiomatik antisemitisch belastet ist.

Der Begriff «mauscheln» geht auf «Mausche» – die jiddische Bezeichnung für Moses – zurück. «Mausche» war ein abwertendes Wort für das Jiddische, wobei die verwandte Verbform meinte «wie ein jüd. Händler Geschäfte machen» (*Duden. Deutsches Universalwörterbuch*). Damit drückt sich im Wort «mauscheln» – ähnlich wie in «Barbar» und «Hottentotten» – die Annahme aus, dass die Sprache und das Sprechen der «Anderen» eine Nicht-Sprache sei. Dabei wird der Ansatz, das Jiddische als unverständlich abzuwerten und als Verständigungsmittel einer minorisierten Gruppe zu beschreiben, mit der Unterstellung verknüpft, im Jiddischen – also in dem, was manche nicht verstehen – vollziehe sich Betrügerisches. Diese im Antisemitismus verwurzelte Logik hat sich in «Mauscheln» als Name eines Glücksspiels eingeschrieben, bei dem das Unterstellen von Betrug zu den Spielhandlungen gehört.

55. Wo leben Kannibalen? Kannibalen sind Menschen, die andere Menschen oder menschliche Körperteile essen – in Notsituationen, aufgrund von psychischen Erkrankungen, im religiösen Eifer. Solche Menschen hat es immer gegeben, überall. Es gibt aber keine Gesellschaft, der Menschenfleisch als Nahrungsquelle dient. Wenn wir heute – ob in Daniel Defoes *Robinson Crusoe* oder Astrid Lindgrens *Pippi Langstrumpf* – von Kannibalismus lesen, handelt es sich um eine kolonialistische Erfindung.

Die Kolonisierten sind als «Quintessenz des Bösen» (Frantz Fanon) hingestellt worden, um ihnen das Mensch-Sein abzusprechen. Dies erfährt im Topos der «Menschenfresserei» *einen* Höhepunkt. Wesen, die sich an Menschenfleisch laben, können selbst keine Menschen sein, was wiederum bedeutet, dass die diesen Wesen angetane Gewalt nicht als Verbrechen an Menschen oder der Menschlichkeit gewertet werden kann.

56. «Indianer» – oder: Wann ist ein Irrtum menschlich? Christopher Columbus und die Menschen, denen er 1492 auf den karibischen Inseln begegnete, sprachen verschieden. Doch weder glaubten diese, Inder_innen zu sein, noch verkannte Columbus, dass er nicht in Indien angekommen war. Was Columbus der Nachwelt als monologisch-begriffliche Hinterlassenschaft stiftete, ist ein auf geografischer Unkenntnis basierender Irrtum. Obwohl es gemeinhin als wenig überzeugend gilt, auf Irrtümern zu beharren oder gar stolz darauf zu sein, wird gerade *dieser* Irrtum als nicht sonderlich gravierend empfunden.

So kann der *Duden. Deutsches Universalwörterbuch* unter dem Schlagwort «Indianer» behaupten, ein so bezeichneter Mensch sei ein «Angehöriger der in zahlreiche Stämme verzweigten Ureinwohner Amerikas mit glänzend schwarzem Haar u. rötlich brauner bis gelblicher Hautfarbe». Ich bin mir nicht sicher, ob mir diese Beschreibung helfen würde, einen jener Menschen, der unter diesen Sammelbegriff fallen soll, in einer New Yorker U-Bahn zu identifizieren. Diesen Wiedererkennungseffekt garantieren wohl nur «I.-Bücher» von Win-

netou bis *Yakari*. Hier jedenfalls weiß ich, was ein «I.» ist. Er geht oben ohne, ist meist bewaffnet, trägt eine Feder im Haar und Kriegsbemalung im Gesicht, heißt *Adlerauge* oder *Tanzender Bär* und ist meist ein «Häuptling» oder dessen Sohn.

«Häuptling» ist auch so eine neologistische Sammeltasche für ganz verschiedene Herrscher_innen in von Europa kolonisierten Räumen. Dabei wird nicht nur verallgemeinert, sondern ihre Herrschaftsform auch als unterentwickelt abgetan. Denn im Suffix «-ling» steckt zumeist die Absicht, das Bezeichnete zu verkleinern (Täufling, Jüngling, Abkömmling), als nicht fertig anzusehen (wie etwa im Fall von Prüfling zu Prüfer oder Lehrling zu Lehrer), abzuwerten (Schädling, Schönling, Wüstling) oder alles gleichermaßen (Günstling, Emporkömmling, Schreiberling). So gesehen ist ein «Häuptling» eben kein richtiges Haupt, nur ein Möchte-gern-Haupt, jedenfalls als Herrscher nicht ernst zu nehmen, weniger bedeutsam und keineswegs gleichberechtigt mit westlichen Machthaber_innen. Wenn westliche Machthaber_innen gelegentlich mit kritischem Impetus polemisch als «Häuptlinge» bezeichnet werden, so ist dabei immer satirisch verpackte Kritik am Werk.

Gibt es Alternativen, soll ich meinen Kindern die Klassiker vorenthalten? Das ist schwierig. Einfacher wäre es, die Verlage würden – dort, wo das möglich ist – neu edieren. Bei meinen Kindern habe ich schließlich irgendwann mal gesagt: «I.» gibt es ebenso wenig wie den Weihnachtsmann. Sie haben es überlebt. An einem Elternabend wollte ich andere Eltern davon überzeugen, dass Kinder diese «I.-Bücher» nicht benötigen. Nur wenige verstanden, was ich meinte, viele versicherten, das seien so tolle Menschen. Sie fänden es wichtig, ihre Kinder an der Ursprünglichkeit und Naturverbundenheit der «I.» teilhaben zu lassen. Ich fragte, welcher «I.»? Jener, dessen Familie im Terror (aus)starb, der damit begründet wurde, dass diese Menschen der Kultur zu fern (und der Natur so nah) waren? Oder jene, die in Montreal leben – oder in New York, Rio de Janeiro oder auf Feuerland? Oder doch nur jene, die ein Fantasieprodukt der exotisierenden Seite des Rassismus sind?

Ich glaube nicht, dass die bisherigen «I.» künftig von Kindern vermisst würden. Aber irren ist ja menschlich.

57. Was essen die «Eskimos»?   Das hängt davon ab, wo sie leben. Aber wer sind überhaupt «Eskimos»?

Viele verschiedene Kulturen im territorialen Speckgürtel um Russland und Alaska sowie Grönland und Kanada werden mit diesem Begriff zusammengewürfelt. «E.» ist keine linguistisch oder kulturell irgendwie abgesicherte Eigenbezeichnung, sondern eine Fremdbezeichnung, deren Herleitung umstritten ist. Viele meinen, dass der Begriff über das Französische aus dem Abnaki oder Chippewa stammt, wo es wortwörtlich «Rohfleischfresser» meint. Andere bezweifeln das und führen «E.» auf Schneeschuhflechter zurück. Das Muster, demzufolge eine Gesellschaft danach benannt wird, was von ihren Menschen (vermeintlich) gern gegessen oder welcher Berufsstand dort häufig anzutreffen sei, stellt ein problematisches Herangehen dar. Wenn Deutsche von anderen als Sauerkrautfresser bezeichnet werden, ist hierzulande jedem klar, dass dies abwertend und undifferenziert ist. «Rohfleischfresser» ist daran gemessen kaum eine Lobeshymne. Vor allem, weil im Essen von rohem Fleisch eine Nähe zum Tierreich impliziert wird und auch der kolonialistische Mythos von «Kannibalen« nicht weit ist. Die meisten so bezeichneten Menschen lehnen es strikt ab, als «E.» bezeichnet zu werden. Einige US-amerikanische Gesellschaften, die in Alaska leben, haben sich jedoch den Begriff kritisch angeeignet. Vielen ist bekannt, dass Inuit der adäquatere Begriff ist. Aber auch er kann nicht generalisierend verwendet werden. Denn ein durch den Begriff «E.» hausgemachtes Problem bleibt bestehen. Zu viele Gesellschaften sollen hier vereinnahmt werden. Denn Inuit gibt es und in ihrer Sprache bedeutet Inuit «Mensch», jedoch unterscheiden sie sich eben von Yu'pik, Athabascan, Gwich'in oder Kalaallit.

58. Wo befindet sich der Orient? Römische Geographen verorteten den *Orient* zwischen Mittelmeer und Tigris. Dies ist nur eine von vielen geografischen Beschreibungen. Denn der Orient galt bis ins 18. Jahrhundert hinein als ein zum Okzident komplementär gesetzter Sammelbegriff, der weite Teile Afrikas, dort und in Asien gelegene arabische Länder sowie Indien, China und Ozeanien umfassen konnte. Es wird suggeriert, es handle sich in diesem Raum um *eine* Kultur. Zugleich geht es darum, den Orient als Heimat des Anti-Christen hinzustellen. Linguistisch, kulturell, religiös und nicht einmal mit der europäischen Blickrichtung gen Osten (Morgenland) lässt sich dem Begriff Orient (und so auch nicht dem Begriff Okzident/Abendland) Kohärenz abgewinnen.

Edward Said (1935–2003) arbeitet in seinem, in mindestens

36 Sprachen übersetzten Buch «Orientalismus» von 1978 heraus, dass der Orient eine okzidentalistische Fantasie sei, die nichts über den gemeinten heterogenen geopolitischen Raum, dafür aber umso mehr über jene aussage, die wissen, was sie mit Orient meinen. Doch es geht ihm um mehr als darum, die Einheit von Fremddarstellung und Selbstkonstruktion nachzuzeichnen. Im Kern analysiert Saids Orientalismuskritik eine spezifische Form von Rassismus, den orientalistischen Rassismus. Dieser hebt auf gesellschaftliche Konstruktionsprozesse ab, die insofern keine Fiktion sind, als sie Wirklichkeiten prägen, indem sie Sichtweisen und Handlungen auslösen, die reale Folgen haben. «Sie sind als Kulturgüter und gesellschaftliche Diskurse», schreibt Iman Attia, «wirkungsmächtig. Sie wiegen schwerer als eigene Erfahrungen und sind allzu häufig immun gegen Einwände. Brüche und Widersprüche zwischen Bildern und Erfahrungen werden geglättet.»

59. Wo liegt «Schwarzafrika»?

«Schwarzafrika» liegt, wo sein arabischer Norden aufhört, beschreibt also Afrika minus Marokko, Algerien, Tunesien, Libyen, der Westsahara und, vor allem, Ägypten. Letzteres von Afrika abzukoppeln, war für Europa vonnöten, weil die ägyptische Hochkultur sich nicht mit den kolonialistischen Behauptungen über Afrikas «Barbarei» in Einklang bringen ließ. Frantz Fanon brachte die Notwendigkeit dieser Rechnung auf den Punkt: «Auf der einen Seite versichert man, dass das Weiße Afrika die Tradition einer tausendjährigen Kultur habe, dass es mediterran sei und Europa fortsetze, dass es an der abendländischen Kultur teilhabe. Das Schwarze Afrika bezeichnet man als eine träge, brutale, unzivilisierte – eine wilde Gegend.» So konnte leicht der kolonialistische Mythos, Afrika sei geschichtslos, transportiert werden. Auch der aus dem Englischen entlehnte Alternativbegriff «subsaharisches Afrika» unterstellt eine Homogenität, die geschichtslos daherkommt und kulturelle, religiöse, ökonomische sowie politische Pluralität negiert.

Als Saharastaaten gelten Ägypten, Libyen, Marokko/Westsahara, Algerien und Tunesien sowie Mali, Niger, Tschad, Sudan, Mauretanien. Die fünf zuletzt genannten Staaten werden aber der Schublade «Schwarzafrika» bzw. «subsaharisches Afrika» zugeordnet. Offenbar geht es also gar nicht um die Sahara. Zwar würde der Rassismus die People of Color in Marokko, Algerien, Tunesien, Ägypten, Libyen und der Westsahara nicht als Weiße anerkennen, doch vertraut er auf Binnendifferenzierungen von «Hautfarben», die der Botschaft folgen, je *weißer*, desto überlegener, je dunkler, desto «primitiver». Letztlich ist «Schwarzafrika» eine Metonymie, der symbolische Ort für «Schwarzafrikaner_innen». Das zeigt sich daran, dass Namibia und Südafrika zwar eigentlich dem geopolitischen Konstrukt «Schwarzafrika» zugehören, seine *weißen* Bewohner_innen aber nicht als «Schwarzafrikaner_innen» deklariert werden. Sie Weißafrikaner_innen zu nennen, ist ebenso ungebräuchlich, wie wir von Weißeuropa sprächen, um deutlich zu machen, dass in Europa viele Weiße leben. Dass afrodeutsche Menschen hingegen oft als «Schwarzafrikaner_innen» bezeichnet werden, zeigt: Wir reden hier nicht über geographische Räume, sondern über rassistisch konturierte geopolitische Kartierungen von «Hautfarben».

60. Ist Barack Obama ein «Farbiger»? Als Barack Obama 2008 als Präsidentschaftskandidat der Demokraten in den Wahlkampf zog und wenige Monate später zum ersten Schwarzen Präsident der USA gewählt wurde, verursachte dies erhebliche Aufregung. Für die einen war es überraschend, weil in den USA Rassismus strukturell und diskursiv fest verankert sei. Sie schöpften Hoffnung, dass dem Rassismus nun mit höchster Symbolkraft widerstanden würde. Die anderen näherten sich diesem Phänomen aus genau umgekehrter Richtung. Sie sprachen nicht über Rassismus, sondern schauten mit seinen Augen, indem sie sich irritiert darüber zeigten, dass ein Mann wie Obama, der doch eigentlich nicht dazu (zu den *weißen* christlichen USA) gehöre, es in dieses Amt schaffen konnte. Hier wurde fleißig an der Erzählung geschrieben, Obama mit seinem *weißen* Elternteil, seiner soliden Ausbildung und seinem lupenreinen Englisch sei gar kein «richtiger» Schwarzer.

In Deutschland kam noch hinzu, dass viele gar nicht wussten, wie sie den 44. Präsident der USA eigentlich benennen dürften: Schwarzer? «Farbiger»? Afroamerikaner? Interessanterweise tauchte hier außerhalb von rechtsextremen Kreisen und den vielen wirren Blogs diverser Art das «N-Wort» nicht auf. Dagegen überwog die Markierung Obamas mit dem «F-Wort».

Dieses Wort definiert Menschen über ihre «Hautfarben». Dabei ist nicht interessant, ob jemand sonnengerötet oder voller Sommersprossen ist. Tatsächlich fungiert Weißsein als unbenannte Normalität. Im deutschsprachigen Raum erfüllt das Wort heute weithin die Funktion, das «N-Wort» zu vermeiden. Manche verwenden es aber auch mit dem Bestreben, darauf zu verweisen, dass eine Person (wie eben Barack Obama) Schwarze wie *weiße* Vorfahren hat. Beide Bedeutungsebenen finden sich auch im englischsprachigen Äquivalent «Coloured». Eine Sonderrolle nahm es dabei im südafrikanischen Apartheid-Regime ein, das die so Bezeichneten von *Blacks* unterschied.

Will man sich dem Rassismus sprachlich entgegenstellen, so stehen viele Ersatzbegriffe zur Verfügung, darunter Schwarze und People of Color. Der entscheidende Unterschied ist, dass Schwarze wie auch People of Color Selbstbezeichnungen darstellen, die aus Schwarzen Bürgerrechtsbewegungen heraus umfunktioniert wurden und die schwierige Gradwanderung meistern, sowohl genau zu benennen, wie der Rassismus einen Menschen positioniert hat, als auch dieser rassistischen Verortung zu widersprechen.

Es ist im Übrigen auch nicht korrekt, Obama als ersten Schwarzen amerikanischen Präsidenten zu bezeichnen – denn es gibt viele Länder in den beiden Amerikas. Der erste gewählte Schwarze Staatspräsident in den Amerikas war Alexandre Sabès Pétion (1770–1818), der 1806 zum Präsidenten der Republik Haiti gewählt worden war.

61. Welche Haut ist eigentlich «hautfarben»? Wie unlogisch so manche Wortbildung ist, zeigt sich exemplarisch daran, dass der Wortstamm «-farb» in «Farbige_r» vollkommen anders konnotiert ist als in «hautfarben». Während er im «F-Wort» alle «nicht-weißen» Farben hyper-sichtbar macht, rekurriert «hautfarben» gerade umgekehrt darauf, Weißsein zur Norm zu erklären und alle anderen Farben unsichtbar zu machen.

Wenn es im *Wahrig* (2006) unter «hautfarben» heißt, «in der Farbe der Haut • ein ~es Unterhemd, Trikot», so sind nicht Trikots oder Strümpfe gemeint, die sich chamäleonartig dem jeweiligen Hautuntergrund anpassen, sondern es wird auf die «Hautfarbe» angeblich Weißer angespielt. Als ich als *weiße* Deutsche in einem Sanitätshaus jüngst die Frage beantworten sollte, ob ich Stützstrümpfe in «hautfarben» oder schwarz bevorzuge, so hatte ich das Privileg, «hautfarben» zu antworten und meinem Alltagsgeschäft entspannt weiter nachzugehen. Ich musste mich nicht darüber empören, dass «hautfarbene» Strümpfe über ein Kassenrezept kostenlos zu haben sind, während schwarze Strümpfe als Luxusartikel gelten und deswegen selbst zu bezahlen sind. Ich musste mich auch nicht der Frage stellen: Wie wird eigentlich die Tönung der Haut von Menschen bezeichnet, die im Rassismus als Schwarze positioniert sind?

Wenn bestimmte Farbtöne als «hautfarben» gelten, legt der Umkehrschluss ohne größere Denkakrobatik nahe, nicht gemeinte Farbtöne entsprechen eben nicht-menschlicher Haut. Das ist nur ein Beispiel, das zeigt, wie stark sich Rassismus in unsere Alltagswelt und Alltagssprache ein- und festgeschrieben hat.

62. Warum nennt jemand seinen Faschingsverein «Mohrenwäsche»? «Mohr» ist die älteste deutsche Bezeichnung, mit der Weiße Schwarze Menschen bezeichnet haben. Zum einen steckt in «M.» das griechische *moros*, das töricht, einfältig, dumm und auch gottlos bedeutet, zum anderen das lateinische *maurus*, welches für schwarz, dunkel bzw. afrikanisch steht. Daraus wurde althochdeutsch *mor* abgeleitet.

Bis ins 17. Jahrhundert hinein finden sich Nachweise, dass «M.» als Synonym für Äthiopier_innen (Sammelbegriff für alle Afrikaner_innen minus Ägypter_innen) gebraucht wird. Daneben etablierte sich seit dem 8. Jahrhundert ein anderer Gebrauch: «Moros» bzw. «Mauren» wurde zur Generalbezeichnung für Muslim_innen. Im Zuge der Versklavung von Afrikaner_innen kam es zur Genese des «N-Wortes», das ab dem 16. Jahrhundert die Verwendung des «M-Wortes» wieder einschränkte. Um «hellere» und «dunklere» Schwarze zu unterscheiden, wurde dem «N-Wort» das «M-Wort» gegenüber gestellt. Letzteres fand nun oft Verwendung, um Muslim_innen des afrikanischen Nordens zu benennen.

Nach der Abschaffung der Sklaverei verloren sich diese Grenzziehungen und bis heute werden beide Begriffe weitgehend synonym gebraucht. Während aber inzwischen anerkannt ist, dass das «N-Wort» ein rassistisches ist, wird in diversen Wörterbüchern zur deutschen Sprache mit Blick auf das «M-Wort» lediglich betont, dass es veraltet sei. Im Alltag begegnet uns der Begriff jedoch ständig. Das Interesse, Lebensmittel mit diesem Wort anzupreisen, ist keineswegs geschwunden. In einigen Städten gibt es immer noch «Mohrenstrassen», hunderte weisen gar eine «Mohrenapotheke» auf. Unzählige Standfiguren, Schalen und Gemälde in Hotelhallen, Restaurants oder Wohnzimmern, die einen versklavten Schwarzen in Lendenschurz oder mit Musikinstrumenten, mit Dienerlivree oder mit Goldketten als Diener abbilden, zeigen verherrlichend Schwarze als Sklav_innen.

Fast alle kennen das berühmte deutsche Sprichwort: «Der Mohr hat seine Schuldigkeit getan, der Mohr kann geh'n», das auf Friedrich Schillers *Verschwörung des Fiesco zu Genua* von 1783 zurückgeht. In diesem Sprichwort tritt neben der Dienerfunktion von Sklav_ innen ein weiterer Wortinhalt hervor: Schuld. Klassisch steht dafür das weltberühmte Kinderbuch *Struwwelpeter* von 1845. Was von dem Frankfurter Arzt Heinrich Hoffmann in dem Kapitel «Die Geschichte von dem schwarzen Buben» als Kritik am Rassismus (und nebenbei bemerkt auch an der Zensurpolitik des russischen Zaren) gemeint sein mag, erweist sich bei näherer Betrachtung als ihr Gegenteil. Der Schwarze Junge bleibt (anders als seine *weißen* Peiniger) namenlos, ist nackt und wird aufgrund seines Schwarzseins als hässlich hingestellt. Für sein Schwarzsein wird er bedauert. Die Strafe für seine Peiniger ist denn auch besonders unerbittlich: sie werden geschwärzt, um ihre Schuld abzutragen.

Wegen dieser Schuld ist es auch sprichwörtlich ein sinnloses Unterfangen, einen «M.» weiß waschen zu wollen (der *Duden* betont, «Mohrenwäsche» sei der Versuch, einen Schuldigen mit Scheinbeweisen «reinzuwaschen»), was einschließt, auch Taufversuche seien vergebens. Philipp Khabo Köpsell beobachtete 2011: In der «Mohrenapotheke» geht «der moderne Bayreuther nämlich sein Aspirin holen, wenn er in der Nacht zuvor in der ‹Mohrenstube› zu viel ‹Mohrenbräu› getrunken hat, nachdem er im Fastnachtszug der ‹Bayreuther Mohrenwäscher e. V.› ... womöglich als ‹Mohr› verkleidet durch die Straßen gestolpert ist.» Unglaublich, aber wahr: Die lustigen Männer und Frauen gaben 2006 ihrem Faschingsverein diesen Namen. «Spaßig» gemeint, aber voll daneben, wird hier an eine Episode aus der Bayreuther Geschichte erinnert: Einen namentlich unbekannten Afrikaner verschlug es 1865 nach Bayreuth – dort wurde er einer Zwangswäsche unterzogen. Die Frage dürfte erlaubt sein: Warum nennt jemand seinen Faschingsverein nach diesem Gewaltereignis?

63. Kann Essen rassistisch sein? Die Speisen selbst natürlich nicht. Aber die Benennungen können es schon in sich haben. Der Name einer Speise soll knackig auf den Punkt bringen und für alle sofort verständlich transportieren, was zu erwarten ist. Manche Namen verraten uns angeblich, wo das jeweilige Nahrungs- oder Genussmittel gern oder häufig gegessen oder wo es hergestellt wird. Versuchen Sie aber mal in Berlin «Berliner» (Pfannkuchen), in

Kilkenny «Kilkenny» oder in Szeged «Szegediner Gulasch» zu bekommen – es wird Ihnen nicht gelingen. Das ist jeweils erklärbar und
witzig. Der Spaß hört allerdings auf, wenn die kulinarische Bilder-
sprache auf rassistischen Stereotypen aufbaut, die sich in kollektiven
Zuschreibungen bündeln.

Wenn eine Paprikasoße scharf ist, dann klingen erotisierende Fantasien über Menschen an, die mit dem Begriff «Zi.» diskriminiert
werden: sie seien so «scharf» wie Esmeralda und gehörten dorthin,
wo die Paprika ursprünglich herkommt. Hersteller_innen dunkler
Lebensmittel lieben es ebenfalls, zweifelhafte Assoziationen aufzurufen. Man denke etwa an die Afri-Cola. Die Anziehungskraft des
Wörtchens «Mohr» ist ebenfalls ungebrochen. Sobald etwas einen
Schokoladenüberzug hat, blinkt dieses Wörtchen im Genussregister
auf. Auch beim «Kameruner», einem knusprig braunen Krapfen,
geht es um das «Hautfarbenkonstrukt». Das ökonomische Argument ist nicht stichhaltig, denn dass Menschen sich von plötzlichen
Namensänderungen ihrer Lieblingsprodukte nicht irritieren lassen,
zeigen die Schaumküsse, die jetzt für die eigene Firma Werbung laufen, wenn sie Dickmänner oder Grabower Küsschen heißen. In
Summt vor den Toren Berlins ist das noch nicht ganz angekommen.
Dort wirbt seit knapp 20 Jahren ein Händler mit dem fast schon wieder lustigen Spruch an einer viel befahrenen Straße unübersehbar:
«Frische Ost-N.küsse». Ich habe aufgehört, mir Produkte zu kaufen,
die mir zu sehr nach Rassismus schmecken.

64. Kann ein Mensch illegal sein? Illegal meint gesetzeswidrig
und bezieht sich auf ein Handeln, das gegen geltende Gesetze ver-
stößt. Ist von einem «Illegalen» die Rede, so sind jene Menschen gemeint, die aus verschiedenen Gründen nach Europa geflüchtet sind
und dort ohne gültige Amtspapiere leben. Damit widerspricht ihr
Aufenthalt geltendem Gesetz, ist ihr Handeln gesetzeswidrig. Sie
selbst aber sind es nicht. Wie auch sollten Menschen illegal sein.
Wird aber im Substantiv «Illegale» suggeriert, dass die Menschen
selbst gesetzeswidrig sind, dann werden sie in und durch Sprache als
eine Bedrohung dargestellt, gegen die sich zu verteidigen angeraten
sei. Diese Annahme bildet den Boden für eine Stimmungsmache, die
Übergriffe auf solchermaßen illegalisierte Menschen befördert – und
letztlich auch auf all jene, die in rassistischer Perspektive «Flüchtlinge» oder «Ausländer» sein könnten.

V. Rassismus – Spuren und Auswirkungen

65. Was ist eine Insel? «Schließen Sie die Augen und stellen sich eine Insel vor», bat ich meine Studierenden in einem Seminar. Die daraus resultierende Assoziationskette war lang: einsam, Palmen, wilde Tiere, Abenteuer, Urlaub, Isolation, Gefängnis, fremd, soziales Experimentierfeld, *weiße Flecken* auf der Landkarte. Bei genauerem Hinsehen wird sichtbar: Was hier als Insel wahrgenommen wird, hat wenig mit Inseln wie Helgoland und noch weniger mit Großbritannien oder Japan zu tun. Wir sehen nichts, was der Bandbreite existierender Inseln gerecht werden könnte, sondern eine bestimmte Idee einer Insel – und zwar jene, die die europäische Imagination seit Jahrhunderten in ihren Bann zieht: wir sehen eine einsame tropische Insel, die von kolonialistischen Fantasien nur so strotzt. Da verschränken sich exotische Fantasien, die Affen auf Palmen voller Kokosnüsse setzen, mit Angstfantasien, die den kolonialen Raum als gefährlich konturieren. Dies ist ein Schauplatz von Natur, in dem Kultur fern, ja, abwesend ist. Es gibt keine gesellschaftlichen Strukturen, nur jene, die man selbst aufbauen kann. So wird die Insel zum Sinnbild jener *terra nullius*, jener Fiktion von unbewohntem Raum, der neue Lebensräume zu bieten vermag. Hier stehen wir inmitten jener kolonialistischen Fiktion, die uns seit Daniel Defoes *Robinson Crusoe* bewusst oder unbewusst begleitet und prägt. Robinsonaden beflügeln seit dem 18. Jahrhundert die Imaginationswelt von Schriftsteller_innen und Filmemacher_innen, nicht zuletzt in jüngsten Verfilmungen dieses Klassikers. Auch in Anti-Robinsonaden wird das laboratorische Ambiente unbewohnter Inseln zum geeigneten Setting für Dystopien. So sind etwa auch in William Goldings Roman *Lord of the Flies* (1954) kolonialistische Fantasien nicht weit, wenn die zunehmende Entmenschlichung der Jungen dadurch körperlich markiert wird, dass sie ihre Kleidung gegen Nacktheit und Kriegsbemalung eintauschen und deswegen aus der Erzählperspektive heraus als «savages» bezeichnet werden.

Immer wenn wir einer Inselfantasie nachhängen oder in Film oder Literatur begegnen, können wir uns fragen, wie viel Robinson und kolonialistische Fantasie da gerade aus uns heraus- oder auf uns herunterschaut.

66. Was sah Leni Riefenstahl in den Nuba? Die deutsche Schauspielerin, Regisseurin, Fotografin und Autorin Helene Bertha Amalia «Leni» Riefenstahl (1902–2003) gehört zu den umstrittensten Künstler_innen des 20. Jahrhunderts. Schon als ganz junge Frau feierten viele ihre außergewöhnlichen Talente. Über ihren Tod hinaus gilt sie vielen weltweit auch heute noch als künstlerisch einzigartig.

Sie war schon vor 1933 eine Anhängerin der NS-Ideologie und eine der innigen Bewunder_innen Hitlers. Dieser wiederum kannte Riefenstahls Arbeiten und verehrte sie. Daraus entwickelte sich eine Zusammenarbeit, die bis zum Untergang des NS anhielt. Selbst nach 1945 bekannte Riefenstahl, dass sie Hitler «als Mensch» verehre. Ihre Propagandafilme über die NSDAP-Reichsparteitage, die Wehrmacht oder die Olympischen Spiele von 1936 zogen ein Millionenpublikum in ihren Bann und trugen erheblich dazu bei, die NS-Ideologie, den NS-Rassismus und den NS-Körperwahn erfolgreich zu propagieren. Sie filmte zudem den Polenfeldzug und war Zeugin eines der ersten Massaker an Jüd_innen im September 1939.

Das alles lastete nach 1945 auf ihr, mehrere Gerichtsprozesse sind gegen sie geführt worden. Offiziell galt sie nur als «Mitläuferin». Das ist eine historisch und politisch höchst umstrittene Einschätzung, denn kaum jemand anderes außer Hitler selbst hat so wirkungsvoll die NS-Ideologie und den Rassismus propagiert wie Riefenstahl. Weniger in der Öffentlichkeit umstritten ist allerdings ihr Spätwerk.

Besonders berühmt ist ihr fotografisches Werk über einige Nuba, eine Sammelbezeichnung für annähernd 100 Gesellschaften im Sudan, die etwa 40 verschiedene Sprachen sprechen. Riefenstahl fuhr ab 1962 immer wieder dorthin, um sie zu fotografieren. Das hatte vor ihr bereits der berühmte britische Fotograf George Rodger (1908–1995) getan. Wie ihr Kollege suchte Riefenstahl das «unberührte» Afrika und Menschen, die angeblich in ihrer «ursprünglichen Natürlichkeit» lebten. Herausgekommen ist eine Fotoserie, die Menschen in ihrer «Geschichtslosigkeit» als «Naturvolk» im Gegensatz zu den europäischen «Kulturvölkern» präsentiert. Riefenstahl bestätigte später, dass sie die «natürliche Primitivität» auch dadurch inszenierte, dass sie Zeugnisse der Moderne bewusst nicht fotografierte oder in der Unschärfe großer Blenden langer Teleobjektive verschwinden ließ. Die Menschen werden zudem sexistisch und zum Teil pornographisch abgebildet, in unterwürfigen oder verführerischen Posen, womit Riefenstahl die rassistischen Kolonialfantasien reproduziert. Da viele Menschen an die Objektivität der Foto-Objektive glauben, üben diese Bilder bis heute eine besonders rassifizierende Suggestionskraft aus. Damit steht das Werk Riefenstahls für die Kontinuität kolonialrassistischer und nationalsozialistischer Blicke, die Wirkmacht der Kunst in diesen Regimen und dafür, wie schwer sich Deutschland tut, rassistische Blicke zu missbilligen. Auch deswegen ist Leni Riefenstahl nur die berühmte Spitze eines Eisberges. Der (nicht nur) von ihr kultivierte begehrliche Blick, der Afrika und seine Menschen erotisch exotifiziert und dabei *weiße* Überlegenheitsmythen fortschreibt, lässt sich in unzähligen Fotos wiederfinden.

67. War die DDR antirassistisch? Ihrem Anspruch nach schon. Und viele Apologet_innen der SED-Diktatur glauben dies auch heute noch. Die Realität sah anders aus.

In dem staatsoffiziellen *Kleinen Politischen Wörterbuch* (1986) wird Rassismus als fester Bestandteil des Kapitalismus und Imperialismus dargestellt, der einerseits zur Eroberung anderer Länder und zur Unterjochung der dort lebenden Menschen dient und andererseits die innenpolitische Aufgabe hat, «die Werktätigen vom Klassenkampf abzulenken». Die SED-Autor_innen ergänzen: «Sein politisch-ideologisches Hauptmerkmal ist die enge Verknüpfung mit dem Antikommunismus.» Rassismus gebe es in kommunistischen Staaten wie der DDR nicht. Damit wird auch unterstrichen, dass es in der DDR weder rassistische Tendenzen noch Rassist_innen gebe. Es ist bezeichnend, dass unabhängige «antirassistische Gruppen» in der DDR von der SED als oppositionell eingestuft und entsprechend verfolgt wurden.

Die Existenz menschlicher «Rassen» wurde im Übrigen nicht hinterfragt. 1982 erschien in 2. Auflage von dem Ostberliner Sozialanthropologen Gerhard Straaß ein populärwissenschaftliches, in hoher Auflage für ein jugendliches Publikum verfasstes Buch unter dem Titel *Rassen – Herkunft und Zukunft. Urteile und Vorurteile.* Der Autor geht von vier existierenden «Rassen» aus. Am Ende seiner Darstellung betont er schließlich, «Rassendiskriminierung» sei «mit dem Wesen des Sozialismus unvereinbar. Die Sowjetunion ist ein überzeugendes Beispiel dafür, wie mehr als hundert, zum Teil einst rückständigste und einander bekämpfende Völker verschiedener Rassengruppen, unter der Führung der Partei der Arbeiterklasse geeint, gemeinsam

den Aufbau des Kommunismus vollziehen.» Die «sozialistische Staa-
tengemeinschaft», heißt es abschließend gewohnt gesetzmäßig-opti-
mistisch im SED-Deutsch, «verbindet den proletarischen Befreiungskampf mit dem Gedanken des sozialistischen Internationalismus und
setzt auf diese Weise die Gleichheit der Rassen und Völker erstmals in
die Tat um.»

SED-Staat und DDR-Gesellschaft waren tatsächlich genauso rassistisch wie ihre europäischen Nachbar_innen zwischen 1949 und
1989. Die strikte Politik der Abgrenzung nach Innen und Außen –
die mit der Mauer ein untrügliches Sinnbild hatte – beförderte Rassismus zudem. Ähnliches gilt für die anderen Ostblockstaaten.

Auch für People of Color in der DDR bedeutete die Revolution
von 1989 das Ende kommunistischer Repressionen. Allerdings berichten viele davon, wie sie etwa auf Demonstrationen darauf hingewiesen wurden, dass sie nicht Teil des Volkes seien, das hier nach
Freiheit und Wiedervereinigung verlangte. Analog dazu berichten
People of Color in der alten Bundesrepublik, dass die Wiedervereinigung ihre Bürgerrechtsbewegungen um Jahre zurückgeworfen habe.
Gerade ökonomisch wurde die Vereinigung dort als Bedrohung
empfunden, was hysterische Schreckbilder eines übervollen Deutschland beförderte und sich in einem Aufschwung des Rassismus äußerte.
Hinzu kam, dass den meisten neuen Bundesbürger_innen aus der
DDR Erfahrungen fehlten, mit Öffentlichkeit und Pluralität in Freiheit zu leben. Die meisten von ihnen besaßen keine persönliche Erfahrung in der kritischen Auseinandersetzung mit Rassismus. Nicht
wenige nutzten nun die Freiheit, ihre rassistische Gesinnung auszu-
leben. Insgesamt stiegen rassistisch motivierte Straftaten und Verbrechen in einem zuvor in der bundesdeutschen Geschichte nicht
gekannten Maße an.

68. Warum liegt Europa im Zentrum unserer Weltkarte? Die Geschichte der Kartographie ist eine Geschichte von Männern und
Frauen, die das zeitgenössische Wissen, religiöse Annahmen, politische Vorgaben, kulturelle Ansichten und – bis ins 16./17. Jahrhundert hinein – Aberglauben und Mystik verarbeiteten. Fast immer – ob
in China, Japan, im arabischen Raum oder in Europa – verorteten sie
ihren geographischen Lebensraum als Zentrum der Welt. Bereits im
3. Jh. v. Chr. war die Kugelgestalt der Erde bekannt. Aber erst im
europäischen Mittelalter (15./16. Jh.) kam es im Zusammenhang

mit den globalen Eroberungen zur Erschaffung neuartiger Globen und vor allem von Weltkarten. Die sich in den nachfolgenden Jahrhunderten durchsetzenden Weltkarten (endgültig zu Beginn des 20. Jahrhunderts) untermauerten eine geopolitische Vormachtstellung Europas, die vielfältige historische, politische, ökonomische und nicht zuletzt rassistische Ursachen hatte. Europa blieb im Zentrum der Weltkarte – so wie wir sie heute auch in Schulbüchern, im Fernsehen oder in Atlanten präsentiert bekommen. Internationale Bemühungen, daran etwas zu ändern, blieben vergebens. Auch Versuche, entgegen den bisherigen Darstellungen die geographischen Räume flächengetreu und somit global einheitlich abzubilden, scheiterten. Die Welt kennt weder links noch rechts, noch oben oder unten. Allein unsere Karten blieben davon unberührt. Mittlerweile gibt es weltweit zahlreiche Alternativentwürfe – einer der bekanntesten dreht die uns gemeinhin bekannte Weltkarte um 180 Grad, was allein schon einen interessanten Perspektivwechsel verlangt –, durchsetzen konnte sich bislang keine.

69. Kann Naturschutz rassistisch sein? Naturschutz genießt allgemein eine hohe Wertschätzung. Ihn mit Rassismus ihn Zusammenhang zu bringen, erscheint absurd. Leider ist es das aber nicht. Denn er hat auch eine koloniale und eine andauernde rassistische Seite.

Die großen Nationalparks der USA, die in der zweiten Hälfte des 19. Jahrhunderts geschaffen wurden, hatten die rücksichtslose, zum Teil militärische Vertreibung der dort lebenden Menschen zur Voraussetzung. Deren bisheriges ökologisch-intaktes Lebensumfeld wurde benötigt, um «geschützte» Erholungsflächen für das «Volk», zu dem sie nicht hinzugerechnet wurden, einzurichten. Dieser Vorgang blieb nicht auf Nordamerika beschränkt. Ebenso geschah es in den europäischen Kolonien in Afrika. Bekanntlich haben europäische Großwildjäger die Bestände bestimmter Tierarten in Afrika im 19. und frühen 20. Jahrhundert dramatisch reduziert, in vielen Gegenden sogar ausgerottet. Die Entstehung der Nationalparks in Afrika erfolgte vor diesem Hintergrund – um zu retten, was noch zu retten war. Bis zum Ende des 20. Jahrhunderts sind im Namen dieses Naturschutzes etwa 14 Millionen Afrikaner_innen vertrieben worden.

Hinzu kommt, dass in den letzten Jahren viele Millionen Hektar Ackerland vor allem in Afrika und Asien von westlichen Investor_

innen aufgekauft wurden. Während dieser Umstand, wie der Agrar-
wissenschaftler Klaus Pedersen anmerkt, kaum bekannt ist und
noch weniger die damit für die dort lebenden Menschen dramatisch
verschlechterten Lebensbedingungen, werden zugleich Afrikaner_
innen in westlichen Medien als notorische «Wilddiebe» oder gewis-
senlose «Baumfäller» gezeichnet, die den hehren «Naturschützern»
das Leben schwer machten. Dass sie aus ökonomischen Zwängen
heraus agieren und die ausländische Investitionspolitik dies entscheidend befördert, bleibt fast immer ungenannt. Dass zugleich Tourist_
innen jährlich Millionen Dollar ausgeben, um auf organisierten Safa-
ris Tiere aus Spaß zu töten, und dabei wiederum von den «Naturschützern» geführt und beraten werden, ist ebenfalls kaum bekannt.

70. Ist Blackfacing rassistisch? Viele glauben, dass es nichts als
eine gewöhnliche Theater-Maske sei, wenn *weiße* Schauspieler_innen
mit schwarz angemalten Gesichtern auf einer Bühne stehen. Dieses
Blackfacing steht in einer rassistischen Tradition. In den Mitte des
19. Jahrhunderts etablierten *Minstrel Shows* in den USA tanzten und
sangen schwarz angemalte Weiße mit fetten roten Lippen. Das Nach-
äffen Schwarzer, die tatsächlich als affengleich dargestellt wurden,
wurde als Parodie inszeniert. Blackfacing wurzelt zugleich in der
US-Tradition, die es Schwarzen untersagte, als Schauspieler_innen
auf einer Bühne zu stehen.

In den USA spielte 1943 mit Paul Robeson (1898–1976) erstmals
ein Schwarzer den Othello. Er spielte ihn bereits 1930 in London; der
erste Schwarze Schauspieler, der Othello verkörperte, war der euro-
paweit begeistert gefeierte Ira Aldridge (1807–1867). Spätere Inszenierungen, Robeson gilt als einer der besten Othello-Darsteller im
20. Jahrhundert, und Verfilmungen griffen wieder auf *weiße* Schauspieler zurück, auch in Deutschland wird am Blackfacing festgehalten. Während in einer *Othello*-Inszenierung des berühmten Market
Theatre in Johannesburg 1989, also noch zur Zeit der Apartheid, mit
John Kani ein Schwarzer Schauspieler den Othello spielte, wurde
noch 1998 im Deutschen Theater in Berlin Othello von dem mit
schwarzer Theaterschminke versehenen Jörg Gudzuhn dargestellt.
Kritiken am Blackfacing wurden zurückgewiesen. Das Theater argumentierte mit größtmöglicher Ignoranz, Rassismus und Othellos
Schwarzsein seien für das Stück nicht wichtig. In den beiden nachfolgenden Inszenierungen des Deutschen Theaters von 2004 und

2009 standen ein *weißer* Mann mit Tattoos (Wolfram Koch) und eine *weiße* Frau (Susanne Wolff) als Othello auf der Bühne. Warum, fragt man sich, werden keine Schwarzen Schauspieler_innen eingeladen, diese Rolle zu spielen? Weil kaum jemand von ihnen in einem deutschen Theaterhaus ein festes Engagement hat, was auf der Annahme beruht, dass Schwarze nicht die Rolle *weißer* Charaktere übernehmen können. Wenn Weiße als Weiße (also nicht schwarz geschminkt) Othello spielen können, warum können dann nicht Schwarze *weiße* Charakterrollen spielen?

Auch wenn Blackfacing im Film deutlich zurückgegangen ist und nur noch in Ausnahmefällen benutzt wird, ausgestorben ist es keineswegs. 2009 veröffentlichte Günter Wallraff im Stil von *Ganz unten* (1985/86) den Film *Schwarz auf Weiß* und das dazugehörige Buch *Aus der schönen neuen Welt*. Als schwarz geschminkter, somalischer Flüchtling reist er durch Deutschland. Die *Süddeutsche Zeitung* kommentierte am 29. Oktober 2009, Wallraffs Methode sei rassistisch. Und Noah Sow kritisierte in einem Interview mit tagesschau.de einige Tage zuvor: «Er äfft unterdrückte Minderheiten nach und erntet damit Geld, Aufmerksamkeit und sogar Respekt. … Er kann als angemalter Weißer Schwarze Erfahrungen nicht machen.»

Ärgerlich ist, dass in der Öffentlichkeit zumeist nicht Blackfacing, wohl aber die Proteste dagegen verunglimpft werden. Etwa als am 12. Februar 2012 42 Zuschauer_innen den Saal verließen, als Elisio und Fadoul in *Unschuld* die Bühne des Deutschen Theaters betraten: Andreas Döhler und Peter Moltzen traten schwarz geschminkt mit übertrieben rot bemalten Lippen in Erscheinung. Nur wenige Wochen zuvor begann im Berliner Schlossparktheater die Aufführung von *Ich bin nicht Rappaport*. Neben Dieter Hallervorden spielt Joachim Bliese – schwarz angemalt – eine Hauptrolle. Die Proteste waren unüberhörbar – die Medien feierten ein «Meisterwerk». Und zur gleichen Zeit untersagte der *weiße* USA-Autor Bruce Norris dem DT die Aufführung seines Stückes *Clybourne Park* (Pulitzer-Preis 2011), weil das Theater die Rolle einer Schwarzen Frau mit einer *weißen* Schauspielerin besetzen wollte. Mittlerweile dürften also selbst Einrichtungen wie das DT oder Hallervordens Schlosspark mitbekommen haben, dass sich Theater nicht im luftleeren politischen Raum vollzieht. Es sind irgendwie eben doch keine Einzelfälle, ganz im Gegensatz zu denen, wenn Schwarze «*weiße* Rollen» spielen dürfen.

71. Warum lesen die Deutschen massenhaft Corinne Hofmanns und Peter Scholl-Latours Bücher über Afrika? Seit einigen Jahren mache ich ein Experiment, auf das mich ein Kollege brachte: Ich gehe irgendwo in Deutschland in einen Buchladen und frage nach afrikanischen Büchern. Überwiegend werde ich auf die Werke von Corinne Hofmann, Stefanie Zweig oder auf Peter Scholl-Latours *Afrikanische Totenklage* hingewiesen. Warum werden mir ihre Bücher und nicht die ihrer Kolleg_innen aus afrikanischen Ländern gegeben?

Hofmanns autobiographischer Roman *Die weiße Massai* stillt den Hunger auf das exotische Afrika und seine erotische Seite. Scholl-Latours Sachbuch *Afrikanische Totenklage* bedient den Topos, Afrika sei der Kontinent, der von hausgemachten Problemen wie Krankheiten, Krieg und Korruption so gebeutelt sei, dass er sich jenseits aller Hoffnung befinde. Die Cover der *Romane* ähneln sich dabei seit Jahrzehnten frappierend: Eine rote untergehende Sonne flutet die Wüste oder Steppe, ein Baobab ist zu sehen, Rundhütten, manchmal Tiere, viel zu oft flankiert von Massai; bei Scholl-Latours Sachbuch steht wie auf fast allen seiner Bücher eine Marke im Mittelpunkt: sein Konterfei.

Trotz des im Titel *Die weiße Massai* aufblitzenden «weiß» reflektiert Hofmann in ihrem Buch nicht ihre Machtposition und ihre Privilegien. Vielmehr fängt sie darüber Empathie ein, dass ihr dies alles *als Weiße* widerfahre. Immerhin würden «die Afrikaner_innen» nichts anderes kennen und daher darunter auch nicht so leiden wie sie. Afrikaner_innen könnten auch unter einfachsten Lebensbedingungen glücklich sein und große Schicksalsschläge mit Bravour ertragen. Massai und *weiß*, das ist, erfahren wir schon auf Seite 3 des Buches, unvereinbar. Als Weiße kann man nicht in Kenia überleben, und Massai gehören nicht nach Europa.

Während in Hofmanns Buch das rassistische Exotisieren sichtbar wird, ist es des Rassismus' andere Saite, die Dämonisierung, die bei Scholl-Latour angeschlagen wird. Er bemüht den Topos vom homogenen und «anderen» Afrika, wenn er dem Kontinent ohne nennenswerte Binnendifferenzierungen eine verrohte und demokratieunfähige Seele attestiert. Afrika kehre, heißt es im Umschlagtext, in die Steinzeit, «in jenen Zustand zurück ..., den Joseph Conrad im *Herz der Finsternis* beschrieben hat». Afrika gehe unter und sei dafür allein verantwortlich. Er ruft alle Adjektive auf, mit denen in der europäischen Öffentlichkeit afrikanische Gesellschaften assoziiert werden: korrupt, kriegerisch, faul, unfähig, krank.

Wenn ich Menschen in Deutschland Fotos von afrikanischen Großstädten zeige und frage, wo könnte diese Stadt liegen, kennen nur wenige eine dieser Städte, fast niemand tippt auf Afrika. Wenn über Korruption in Europa gesprochen wird, sind dies Ausnahmefälle. Wenn aber hier über Korruption in Afrika gesprochen wird, gehört das selbstverständlich zum «System Afrika». Die Liste ließe sich unentwegt fortführen.

Die Rede vom «unterentwickelten, unzivilisierten und undemokratischen Afrika» hilft zu legitimieren, dass der Westen letztlich auf Kosten der «Anderen» lebt. Und sie hilft dabei, sich selbst zu schützen. Etwa mit solchen törichten Behauptungen, Afrikaner_innen könnten sich nicht vor HIV-Infektionen schützen, weil sie unwissend und gleichzeitig sexuell hyperaktiv seien.

Scholl-Latour, Hofmann und ähnliche Autor_innen sind überaus beliebt, weil ihr Afrikabild nicht nur nicht irritiert, sondern praktisch alle Stereotype, Vorannahmen, Behauptungen, «Wahrheiten» aus kolonialer und postkolonialer Zeit zu bestätigen scheint. Sie lassen ihre Leser_innen in größtmöglicher Ruhe zurück. Literatur und Denken und Nachdenken stiftet eigentlich Unruhe, Selbstkritik, Hinterfragen. Eigentlich: «Unsere afrikanischen Expert_innen» tun das Gegenteil und sind damit so erfolgreich, dass das nicht nur an ihnen selbst liegen dürfte.

72. Kann Feminismus rassistisch sein? Frauenrechtsforderungen im modernen Sinn treten seit der Französischen Revolution auf. Protagonist_innen führten damals das Wort *femme*, *woman* oder Frau im Munde, als sprächen sie für alle Frauen der Welt, de facto meinten sie aber nur «*weiße* Frauen». Dass «Sklave» im Sinne von «Frauen sind die Sklaven der Welt» vielen von ihnen als Metapher diente (zum Teil bis heute), zeigt, dass sie zwar die skandalösen Lebensumstände versklavter Menschen kannten, diese Verbrechen aber nicht einzuordnen wussten. Manche setzten sogar die Sklavenmärkte parabelhaft mit der patriarchalischen Verheiratungspolitik gleich. Die metaphorische Aneignung der Gräuel der Sklaverei führte nur bei wenigen, wie etwa Olympe de Gouges (1748–1793), dazu, dass sie auch gegen die Sklaverei anschrieben. Doch letztlich konzentrierte sich auch Olympe de Gouges in ihrer *Erklärung der Rechte der Frau und Bürgerin* ebenso wie ihre englische Mitstreiterin Mary Wollstonecraft (1759–1797) in *Plädoyer für die Rechte der Frau* allein darauf, die praktische Umsetzung der Menschenrechte für *weiße* Frauen einzufordern. Sojourner Truth hingegen hielt 1851 eine abolitionistische wie feministische Rede auf der *Ohio Women's Right Convention*, die chorusartig von der Frage *Ain't I a Woman?* durchzogen war – in Anlehnung an Josiah Wedgwoods berühmtes Briefsiegel *Am I not a Man and a Brother?* Diese Stimmen wurden in Europa wie Nordamerika vereinzelt gehört, aber weitaus häufiger überhört.

Die deutsche Frauenbewegung stellte keine Ausnahme dar, kam aber noch konservativer als ihre Schwesterbewegungen in Frankreich oder England daher und sah in Weiblichkeit eine «natürliche Ergänzung des Männlichen», deklarierte Mutterschaft als «naturgegebene Mission» und beförderte «rassenhygienische» Überlegungen. Die bürgerliche Frauenbewegung war zudem personell wie strukturell mit kolonialen Frauenorganisationen verquickt, etwa der 1907 gegründete *Frauenbund der Deutschen Kolonialgesellschaft.* Ihr Ziel bestand darin, *weiße* Frauen in die deutschen Kolonien zu entsenden, um zu verhindern, dass *weiße* Männer mit Schwarzen Frauen Kinder zeugten, was, wie es im rassistischen Kolonialjargon hieß, zur «Verkafferung» der Männer und Kolonien führen würde. Anhängerinnen radikalerer Frauenbewegungen sahen das anders, kritisierten aber allein den als naiv eingestuften Glauben, angesichts triebhafter männlicher Sexualität ließe sich eine solche Entwicklung ohnehin nicht verhindern. Die sozialdemokratische Frauenbewegung wiederum war in der kolonialen Frage gespalten. Nur wenige teilten Rosa Luxemburgs und Karl Kautskys generelle Ablehnung des Kolonialismus.

Im Zuge der «1968er» globalen Bewegungen erlebte der Feminismus in zahlreichen Ländern einen neuen Aufschwung. Er orientierte sich ebenfalls global, partizipierte an den Schwarzen Bürgerrechtsbewegungen, und Schwarze Feministinnen plädierten dafür, Geschlecht im strikten Zusammenhang mit Klasse und *Rasse* zu denken – im deutschen Feminismus kam davon praktisch nichts an.

Die Primärsetzung der Kategorie Geschlecht verstellte den Blick auf die Komplexität von Diskriminierungsprozessen. Wo dieser Tunnelblick waltet, wird weder die eigene historische Verankerung im Kolonialismus thematisiert noch, dass *weiße* Frauen Akteurinnen und Profiteurinnen des Rassismus sind. In der Realität bedeutet das: Nicht-westliche Kulturen werden in diesen Feminismusdebatten entweder völlig ignoriert oder marginalisiert oder aber die Situation und Problemlagen von Frauen in anderen Teilen der Welt werden allein ausgehend von Erfahrungen, Perspektiven und Problemen *weißer* westlicher Kulturen betrachtet. Dafür ein Beispiel: Als 1999 Alice Schwarzer eine Jubiläumskonferenz zum deutschen Feminismus organisierte, lud sie 245 Vertreterinnen (mindestens eine pro europäisches Land) ein, aber den gesamten afrikanischen Kontinent sollte allein die nigerianisch-US-amerikanische Obioma Nnaemeka «vertreten». Die Vielfalt feministischer Bewegungen in Afrika war der deutschen Feminismuspäpstin vielleicht entgangen. Wahrscheinlicher aber ist, dass sie diese nicht nur nicht kennt, nicht nur nicht kennen will, sondern auch noch als uninteressant und auf «niedrigem» Niveau abtut.

Diese Konstellation ist ein fruchtbarer Boden für (kolonialistische) Glaubensgrundsätze. Denn auf diesem gedeihen Diskussionen über genitale Beschneidung oder Kopftücher, die sich kaum bemühen, der Vielstimmigkeit von aktiv involvierten Frauen zuzuhören und dadurch das tun, was der Feminismus am meisten hasst: Frauen nicht sprechen zu lassen, sondern über sie zu sprechen, paternalistisch besser zu wissen, was gut und was schlecht für sie ist und was wie zu ändern wäre.

In Afrika gibt es viele feministische Bewegungen, Projekte, Debatten – so wie in Europa oder den USA. In Deutschland gründete sich am 24. September 1986 mit ADEFRA die erste Vereinigung Schwarzer Frauen, die Rassismus ebenso die Stirn bietet wie diversen Formen von geschlechtsspezifischer Diskriminierung. Mehrere Buchprojekte der ADEFRA dokumentieren die Geschichte Schwarzer widerständiger Frauen in Deutschland und stellen *weiße* (und auch angeblich feministische) Erzählungen über People of Color hierzulande infrage.

73. Sind nur Rechtsradikale Rassist_innen? Unter diesem Begriff werden – ähnlich dem Rechtsextremismus – politische und ideologische Strömungen vereint, die rassistisch, chauvinistisch, autoritär, nationalistisch, sexistisch argumentieren. Historisch etablierte sich der moderne Rechtsradikalismus weltweit im Zuge des Ersten Weltkrieges. Mit faschistischen Diktaturen und der NS-Diktatur hat er im 20. Jahrhundert in Europa, aber auch in Südamerika zeitweise die Herrschaft ausgeübt. Er gehört auch heute noch in fast allen europäischen Staaten und den USA zu einer ernstzunehmenden Erscheinung.

In Deutschland ist der Rechtsradikalismus immer wieder unterschätzt worden, obwohl allein seit 1990 seine Blutspur mit mindestens 200 Ermordeten und einigen regelrechten Pogromen unübersehbar ist. Politik, Polizei, Geheimdienste und Justiz haben ihn immer wieder unterschätzt, wie jüngst an der Mordserie des «Nationalsozialistischen Untergrunds» erneut deutlich wurde.

Ein Problem bei der Bekämpfung des Rechtsradikalismus besteht darin, dass vor allem konservative Parteien dazu neigen, Teile der Unterstützer_innen des Rechtsradikalismus in Wahlkämpfen an sich zu binden, indem sie deren Reservoir rassistischer Forderungen aufgreifen und in einer «übersetzten», vermeintlich harmlosen Sprache vertreten. Ein anderes Problem der Bekämpfung des Rechtsradikalismus besteht darin, dass oft so getan wird, als gebe es Rassismus nur in diesem Milieu und als seien alle, die sich gegen Rechtsradikale stellen, automatisch Anti-Rassist_innen.

VI. Rassismus – Widerstand, Erinnerung und Aufarbeitung

74. Was heißt Erinnerung und Aufarbeitung? Sich nicht zu erinnern, heißt nicht, nicht zu handeln. Das Trauma kennt diesen Weg, sich der Möglichkeit zu entziehen, für Geschehenes Worte zu finden, und weiß auch, dass die Wunden nicht heilen, nur gelegentlich weniger schmerzen. Jenseits des Traumas wird der Verzicht darauf, sich zu erinnern, zum aktiven Prozess, sich der Erinnerung zu widersetzen. Sich zu erinnern heißt, die Arbeit auf sich zu nehmen, das Gestern zu besuchen. Nichts wird danach so sein, wie es war. Man kann sich an Vergangenem erfreuen und daraus neue Kräfte schöpfen, es kann aber auch mühevoll und freuderaubend sein, das Vergangene zu begreifen und zu verkraften. Erinnerung ist keine Wellness-Oase, sondern bedeutet Arbeit, erst recht, wenn es um Aufarbeitung geht, die sich dem Vergessen widersetzt und den Horizont in weiter Ferne weiß. Aufarbeitung ist nie abgeschlossen.

Es ist eine ansehnliche Bibliothek vollgeschrieben worden, die sich Kolonialismus und Sklaverei widmet; das ändert nichts daran, dass in ganz Europa Kolonialismus laut beschwiegen und weitgehend verharmlost wird. Afrikanische Intellektuelle wie der nigerianische Literaturnobelpreisträger Wole Soyinka haben in den letzten Jahren widerholt darauf hingewiesen, dass die europäische Kolonialgeschichte in Afrika bislang keine gesellschaftspolitische Aufarbeitung erfahren hat. Es fehlt an öffentlichen Debatten, Museen und Denkmälern, die dieses Kapitel thematisieren. Wo Kolonialismus aber nicht aufgearbeitet wird, kann er die Gegenwart mental ungebrochen prägen.

Dazu ein Beispiel: Am 23. Februar 2005 stimmte Frankreichs konservative Partei UMP für ein Gesetz, wonach französische Lehrer_innen und Schulbücher verpflichtet seien, die positive Rolle, die Frankreich im Ausland und speziell in Nordafrika gespielt habe, anzuerkennen. Algeriens Präsident Abdelaziz Bouteflika unterschieb den Friedensvertrag mit Frankreich nicht und der berühmte Dichter der Negritude und Politiker Martiniques Aimé Césaire sagte ein Treffen mit Nicolas Sarkozy ab, weshalb dieser seine geplante Reise dorthin nicht antrat. Anfang 2006 widerrief Jaques Chirac dieses Gesetz nach massiven Protesten aus dem In- und Ausland.

Auch in Deutschland fragen Schulbücher und Lehrer_innen nach den Vorteilen des Kolonialismus, etliche Denkmäler und Straßennamen ehren die Protagonist_innen des deutschen Kolonialismus. Zudem gibt es unzählige Museen, die koloniales Raubgut ausstellen, statt es den rechtmäßigen Eigentümern wiederzugeben. Das ist in Europa keine Seltenheit. Es gibt keine Garantie, dass Erinnerung versöhnt und heilt. Darum kann es aber auch nicht gehen, sondern allein darum, sich seiner Geschichte verantwortlich zu stellen.

75. Was lieben wir an Winnetou? Es gibt zwei Arten von Blockbustern, die über die Zeit erzählen, in denen Weiße die ursprünglichen Bewohner_innen Nordamerikas verdrängten. Die einen, die «Cowboy-Filme», erzählen von Männergesellschaften, die sich das nordamerikanische Landesinnere mit harter Arbeit und im Angesicht täglicher Gewalt unterwerfen. Hier tauchen die eigentlichen Bewohner_innen dieser Territorien in Horden, mit Kriegsbemalung und einer Vorliebe für Skalps von Weißen auf. Sie sind die «Bösen». Daneben gibt es die «Indianerfilme», die den Blick umdrehen. Auch hier begegnen wir kämpfenden und kriegsbemalten Männern. Sie aber haben Mut und Sinn für Gerechtigkeit. Genaugenommen ist es ihr unbändiger Drang nach Freiheit, die Figuren wie Karl Mays *Winnetou* zu einer Art Weltkulturerbe werden ließen, wobei im Genuss der seichten Unterhaltung ausbleibt, das Morden der Weißen als Teil der eigenen Herkunftsgeschichte zu verstehen. Doch wie erklärt sich, dass Winnetou *weißen* Zuschauer_innen als Identifikationsfigur dient?

Im Kern hat das damit zu tun, dass sich Winnetous Freiheit von der europäischen unterscheidet. Während Old Shatterhand eine Ikone der *zivilisiert* gelebten Freiheit ist, verkörpert Winnetou (in seiner ungebändigten Nähe zur Natur) eine Freiheit, die – wie Jean-Jacques Rousseau es in seinen Ausführungen zum «Noblen Wilden» formulierte – sich allein den Gesetzen von Natur und Klima unterwirft. In Rousseaus Lesart schließt dies ein, dass «sie» ohne Gesetze, Polizei und Religion lebten. In den *Winnetou*-Filmen setzt sich das darin fort, dass Winnetou auf eine Art Teletubby-Sprache reduziert wird. Weil ihre Freiheit daher als eine unterlegene erscheint, erschüttern sie auch nicht wirklich die Erzählungen, die keinen Zweifel an der Rechtmäßigkeit der *weißen* Eroberung der Amerikas mit den dazugehörigen Verbrechen lassen.

Viele Millionen – genaue Zahlen sind umstritten – ursprüngliche Einwohner_innen kamen durch Kriege, gezielte Vernichtungsfeldzüge, von Weißen erzeugten Hunger und durch von Weißen eingeschleppte Seuchen und Krankheiten ums Leben. Zugleich wuchs die *weiße* Bevölkerung stetig von wenigen Tausend auf viele Millionen an.

Ob die *weißen* Siedler die ursprüngliche Bevölkerung angriffen, um sie zu vertreiben, oder ob sie von ihr angegriffen wurden – im Kern geht es darum, dass sich die First Nations, also die, die dort bereits vor der «Ankunft» der Europäer_innen lebten, gegen Eindringlinge zur Wehr setzten, die ihnen ihr Land nahmen. Der Mythos vom kriegerischen «I.» wurzelt allein in dem Umstand, dass die *weiße* Besiedlungsgeschichte der Amerikas von Beginn an auf Krieg aufbaute. Deswegen ist es irreführend, von «I. kriegen» zu sprechen, so als seien diese die Aggressor_innen gewesen – die eigentlichen Kriegstreiber_innen bleiben hier unbenannt.

Winnetous und Old Shatterhands Freundschaft symbolisiert eine Sehnsucht nach gemeinsamem Frieden, aber sie steht auch zugleich für eine Form der Erzählung, die die eigentliche Geschichte verdeckt, relativiert und verharmlost. Die systematisch angelegten Massenverbrechen bleiben unsichtbar. Winnetou versöhnt uns, ohne dass erkennbar wird, warum und womit eigentlich.

76. Wer widerstand der Sklaverei? Widerstand gegen die Sklaverei ist so alt wie diese selbst. Kein Mensch wurde freiwillig zum Sklaven oder zur Sklavin. Widerspruch mündete in Widerstand und lebte in und durch Sprache, Lieder und Erzählungen, Selbstmord und Attentate, Flucht und Rebellion. Die meisten bezahlten ihren Mut mit Folter und Tod. Nur selten wurden ihre Geschichten überliefert, nur wenige Namen sind überhaupt bekannt. Filme und Bücher, auch einige Autobiographien, legen Zeugnis von diesem Widerstand ab. Dazu gehören die Filme *Middle Passage* (1990), *Sankofa* (1993) oder *Amistad* (1997), ebenso Romane wie Ayi Kwei Armahs *Two Thousand Seasons* (1973), Alex Hayleys *Roots* (1976), Toni Morrisons *Beloved* (1987), Fred d'Aguiars *The Longest Memory* (1994) oder Bernadine Evaristos *Blonde Roots* (2008).

Zu den frühesten überlieferten literarischen Texten über den Widerstand gegen Sklaverei gehört Shakespeares *The Tempest* (1611), eine Geschichte um Prospero, der von seinem machtgierigen Bruder gestürzt wird und auf einer Insel strandet. Es gibt Forscher_innen, die wie Harold Bloom der Meinung sind, dass es in dieser Geschichte um Prospero gar keinen Bezug zum Kolonialismus gäbe. Dagegen haben andere, die Prosperos Insel als Metapher für den kolonialen Raum lesen, Shakespeares *The Tempest* vorgeworfen, dass er kolonialistische Fantasien auf die Bühne bringe. Das mag stimmen, jedoch geht Shakespeare mit Rhetoriken des Kolonialismus und Rassismus gerade nicht konform. Ganz im Gegenteil: Er inszeniert den Rassismus kolonialistischer Blicke seiner Zeit, um zu widersprechen.

Caliban, den Prospero seinen Sklaven nennt, wird auf der Bühne wie im Film manchmal als Schwarzer und fast immer als monströse Schöpfung mit tierähnlichen Zügen dargestellt. Tatsächlich wird er im Stück wiederholt als Teufel oder Monster, Bastard oder gescheckter Welpe, Schildkröte oder Fisch bezeichnet. Doch wie kann er gleichzeitig so vieles sein? Was haben all diese Attribute gemeinsam? Treffen sie sich im Kern nicht darin, dass sie zum Vokabular des Rassismus gehören? Letztlich verraten uns diese Worte ja nicht, wer Caliban ist, sondern was in ihm gesehen wurde. Dieser *weiße* Blick geht konform mit der Reiseliteratur in Shakespeares Zeit, wird aber in *The Tempest* vorgeführt. So lässt Shakespeare etwa eine seiner Figuren eine Fata Morgana erleben und, begeistert von dieser Illusion, zugleich beteuern, dass Reisende niemals lügen. Ein anderer hält

Caliban erst für einen Fisch und dann für einen «Indianer» und beschließt letztlich, ihn auf einem europäischen Markt auszustellen.

Wenn alles, was die *weißen* Charaktere in Caliban sehen, einem kolonialistischen Diskurs entwächst, wie lassen sich dann Prosperos Äußerungen, Caliban sei ein «Bastard» und ein «gesprenkelter Welpe», einordnen? Ist nicht zu vermuten, dass Caliban ein Kind von einem *weißen* und einem Schwarzen Elternteil ist? Schließlich wissen wir, dass Prospero Calibans Mutter Sycorax als blauäugige Hexe bezeichnet, während sein Vater Algerier ist.

Caliban ist also weder Monster noch Tier, sondern ein Mensch. Dessen versichert uns der Text, als Miranda, die mit ihrem Vater Prospero im Exil auf der Insel lebt, sich in den Prinzen Ferdinand verliebt und seufzt, dass dies der dritte Mann sei, den sie in ihrem Leben sehe – also nach Prospero und: Caliban. Caliban ist demnach ein Mensch. Prospero ist klug und weiß auch, dass er und seine Tochter von ihm abhängig sind und von ihm «profitieren». Und ihm ist geläufig, dass Caliban, den er versklavt hat, nie mit einer freundlichen Antwort aufwartet (1.2. 308–14). In der Tat ist Calibans widerständiges Verhalten das Erste, was das Publikum von ihm – noch off-stage – vernehmen kann. Von Prospero aufgefordert, ihm Feuerholz zu holen, entgegnet Caliban patzig, dass er selbst noch ausreichend Holz habe. Bemerkenswert ist die Tatsache, dass in einer Ära, in der Schwarze auf elisabethanischen Bühnen rar sind und kaum jemals sprechen, Shakespeares Caliban genauso wie Prospero im Blankvers spricht und diesem daher sprachlich auf Augenhöhe begegnet. Prosperos Macht entspringt seiner Gewalt, mit der er sich Caliban gefügig gemacht und seiner Insel beraubt hat. Diese verlangt Caliban zurück. Wenn er Prospero in gewähltem Englisch erklärt, dass er für seine Dienste nicht zur Verfügung stehe, weil er «dinieren» müsse – ist das angesichts seines Namens, der ein Anagram von *cannibal* darstellt, durchaus auch als Drohung zu verstehen.

Im Wissen, dass er zu schwach ist, Prospero allein zu stürzen, sucht Caliban ein Bündnis mit Stephano und Trinculo, den Repräsentanten unterdrückter Schichten. Um ihre fehlende Solidarität und ihre koloniale Gier wissend, gibt Caliban vor, dass er ihr Sklave sei und ihnen Feuerholz einsammeln werde. Während sie (ihm) glauben, dass die «neue Welt» tatsächlich mit «Feuerwasser» zu erobern sei, gibt sich Caliban betrunken und dumm, während er sein Freiheitslied singt, in dem er erklärt, dass es ihn künftig weder kümmere, dass sie in ihm einen Fisch sehen, noch wenn sie Feuerholz oder andere Dienste von ihm haben wollen. Caliban werde ein neuer Mensch und sein eigener Herr werden: «Freedom, hey-day! hey-day, freedom! freedom,/ hey-day, freedom!». (2.2. 181–182)

Shakespeare mag diesen widerständigen Caliban erfunden haben, um die Kolonisierten zu ermuntern, wie dieser zu revoltieren; zumindest aber bezeugt Caliban seine Auffassung, dass Kolonialismus ohne Gewaltausübung nicht zu haben ist und niemand glauben solle, dass man den Kolonisierten ihr Land, ihre Freiheit und ihr Leben nehmen könne, ohne dass diese Widerstand leisten.

77. Was bedeutet Abolitionismus? In Abolitionismus steckt das englische Wort *to abolish*, abschaffen. Es geht um die Abschaffung der europäischen Versklavung afrikanischer Menschen. Das ist insofern kein Novum, als dies die versklavten Menschen selbst immer wollten und dafür kämpften. Abolitionismus bezeichnet daher genauer eine Bewegung, die den Widerstand mittrug und als in *weißen* Strukturen verankert ansah. Er konnte sich auch ohne widerständige Gewalt ausdrücken, was ihm wiederum breiteres Gehör unter Weißen verschaffte. Neben religiösen Personen und Verbänden, allen voran den Quäkern, waren *weiße* Künstler_innen, Jurist_innen und Politiker_innen Protagonist_innen des Abolitionismus. So aufgestellt, führte der Abolitionismus in einem Jahrhunderte währenden beharrlichen Kampf an verschiedenen Fronten Gesetze zur Freilassung Einzelner und schließlich zur Abschaffung der Sklaverei in mehr und mehr Ländern herbei. Zwar wurde dies in vielen Einzelschritten auf nationaler Ebene realisiert, dennoch ist der Abolitionismus wohl die erste global interagierende Befreiungsbewegung der Geschichte. Dabei verdankt sich sein Erfolg dem Zusammenspiel verschiedener, oft sogar konträrer persönlicher und staatlicher, ökonomischer und ethischer, weltlicher und religiöser Interessen auf nationaler wie supranationaler Ebene und dem Verbund militärischer, religiöser, literarischer und juristischer Widerstandsformen. Im Kern ging es dem Abolitionismus darum, die Sklaverei als ökonomisches System zu Fall zu bringen und/oder die Menschenrechtsverletzungen, die sie ermöglichte, zu stoppen. Dabei fiel die Abschaffungsidee selten grundsätzlich aus und nur von wenigen wurde Rassismus als Teil des Systems begriffen und bekämpft. Die Unabhängigkeitserklärung

Haitis wird die einzige Verfassung bleiben, die Sklaverei ebenso explizit verbietet wie rassistische Diskriminierung. Das Jahr 2004, jenes Jahr, in dem sich die Unabhängigkeit Haitis zum 200. Mal jährte, wurde von den Vereinten Nationen zum *Internationalen Jahr zum Gedenken an den Kampf gegen die Sklaverei und an ihre Abschaffung* erklärt. Seit 2008 ist der 25. März ein Internationaler Tag des Gedenkens an die Sklaverei und an ihre Abschaffung.

78. Wann entstand der Abolitionismus? Die Anfänge des Abolitionismus sind fast so alt wie die kolonialistische Sklaverei selbst. Sie entstanden dort, wo die europäische Versklavung von Afrikaner_innen ihre Ursprünge hatte – in Spanien. Minutiös dokumentierte der katholische Mönch Bartolomé de las Casas (1484–1566) die Gräueltaten der Spanier in den amerikanischen Kolonien und verurteilte die Versklavung der dortigen Bewohner_innen. Seine Bücher riefen in weiten Teilen der spanischen Öffentlichkeit Empörung hervor. Als sich die Schule von Salamanca um Francisco de Vittoria (1483–1546) diesem öffentlichen Protest anschloss, erließ König Karl V. von Spanien das erste Gesetz zur Abschaffung kolonialer Sklaverei. Alle *Americans* seien aus der Sklaverei zu entlassen und als Bürger_innen Spaniens mit allen Rechten anzuerkennen. Blasco Núñez Vela (1490–1546), der erste Vizekönig von Peru, war bestrebt, dieses Gesetz in die Tat umzusetzen, traf jedoch auf Widerstand seitens der spanischen Landbesitzer_innen, deren Rebellion Gonzalo Pizarro (1502–1548) anführte. Blasco Núñez Vela wurde in einem dieser Kämpfe getötet und sein Nachfolger, Antonio de Mendoza (1490–1552), wagte es nicht, sich weiter dem massiven Druck der landbesitzenden Klasse entgegenzustellen. Es kam zu einer folgenreichen Lockerung dieses Gesetzes. Die aus der lokalen Bevölkerung rekrutierten Sklav_innen wurden zunehmend durch aus Afrika verschleppte Menschen ersetzt – was übrigens Bartolomé de las Casas anfangs sogar mittrug. Später hat er sich auch dagegen scharf ausgesprochen.

79. «Am I not a Man and a Brother?» In Großbritannien hielt der Abolitionismus über die schottischen Highlands Einzug. 1772 gelang ihm ein Durchbruch in der Londoner Öffentlichkeit. Was war passiert? Charles Stewart hatte 1769 in Virginia James Somerset gekauft. Als er nach London kam, mit Somerset im Gefolge, gelang diesem 1771 die Flucht. Er wurde erneut gefangengenommen und auf einem Schiff festgehalten, um ihn in die britische Kolonie Jamaika zu verschleppen. Der juristische Streit, der daraufhin entbrannte, drehte sich um die Frage, ob ein Sklave des kolonialen britischen Amerikas immer noch legaler Weise als Eigentum betrachtet werden könne, wenn er sich in Großbritannien aufhält. Der Jurist Francis Hargrave (1741-1721) verneinte dies und zog vor Gericht. Am 22. Juni 1772 entschied William Murray Lord Mansfield (1705-1793), ein sehr angesehener Richter, im Fall Somerset vs. Stewart, dass Somerset unverzüglich freizulassen sei, da das englische Gesetz Sklaverei in Großbritannien nicht kenne. Kurz darauf verschwand Somerset, sein weiteres Schicksal ist nicht belegt. Das Urteil im Fall Somerset wurde zum Ausgangspunkt für die Freilassung der 10-15 000 Sklaven, die zu diesem Zeitpunkt in England meist als Hausangestellte arbeiten mussten.

Gleichzeitig erlebte die abolitionistische Bewegung einen Aufschwung. Mehrere wissenschaftliche Arbeiten im Geiste des Abolitionismus erhielten höchste Ehrungen. Allerdings waren die meisten zunächst nur auf England selbst gerichtet – Sklaverei in den Kolonien und Versklavung afrikanischer Menschen blieb eher unangetastet.

Das verhielt sich anders bei jenen zwölf Männern (die meisten von ihnen waren Quäker), die 1787 das Komitee zur Abschaffung des Sklavenhandels begründeten. Josiah Wedgwoods *Am I not a Man and a Brother?* (1787) wurde zum aufrüttelnden Emblem. Das Komitee initiierte eine parlamentarische Debatte zur Abschaffung des Sklavenhandels. Parallel errichtete es ein Netzwerk, das lokale Abolitionist_innengruppen des ganzen Landes zusammenführte. Neben religiösen Gruppen waren dies Organisationen von Arbeitern und von Frauen, denen es nicht gestattet war, an den Versammlungen von Männern teilzunehmen. Der britische Abolitionismus verdankt seine Erfolge auch Schwarzen Intellektuellen, die der Sklaverei entkamen und Zeit ihres Lebens gegen die Sklaverei anschrieben, darunter Ignatius Sancho (1729-1780) und Olaudah Equiano (1745-1797).

Die zahllosen öffentlichen Veranstaltungen, Petitionen und Pamphlete der britischen Abolitionist_innen sowie von ihnen verfasste Autobiographien und Gedichte leisteten einen unverzichtbaren Beitrag zur Aufklärung und Aufrüttelung der *weißen* Bevölkerung Englands. So kam es 1807 zum *Slave Trade Act*, der das Handeln mit Menschen aus Afrika zunächst mit Geldstrafen und später mit

Todesstrafen ahndete. Dieses Gesetz stützte auch private (letztlich gescheiterte) Bemühungen, Freetown (Sierra Leone) als Ort für die Rückansiedlung von befreiten Sklav_innen aufzubauen. 1833 wurde im britischen Kolonialreich auch die Sklaverei selbst verboten. Sklav_innen wurden zu Zwangsarbeiter_innen, die in einem Zwei-stufenmodell 1838 oder 1840 freigelassen wurden. 1839 gründeten engagierte britische Abolitionist_innen die *British and Foreign Anti-Slavery Society*, die Sklaverei und Handel mit Menschen international bekämpft und bis heute als *Anti-Slavery International* fortbesteht.

80. Galten die Ideale der Französischen Revolution für alle? Im Zuge der Französischen Revolution wurde im Sommer 1789 die Erklärung der Menschen- und Bürgerrechte verkündet. Sie galten nur für *weiße* Männer. Frauen blieb das Wahlrecht ebenso verwehrt wie der Zugang zu öffentlichen Ämtern oder Eigentumsrechten. Wie erging es Schwarzen?

Der *Code Noir* von 1685 regelte die französische Sklaverei in den Kolonien. Sobald Sklav_innen französischen Boden betraten, waren sie frei. In den Kolonien konnten Sklav_innen ihre Freiheit geschenkt bekommen oder erkaufen. Die Revolution warf die Frage auf, wie mit den Kolonien umzugehen sei. Nach langen Diskussionen schaffte Frankreich am 4. Februar 1794 die Sklaverei schließlich ab, im Sommer 1795 wurden die Kolonien juristisch inkorporiert. 1802 legalisierte Napoleon die Sklaverei erneut.

1788 hatten einige Abolitionisten in Frankreich die *Société des Amis des Noirs* (Gesellschaft der Freunde der Schwarzen) gegründet, die anders als die britische Bewegung generell gegen Sklaverei und nicht nur gegen den Handel mit versklavten Menschen war. Gleichzeitig kam es in Saint-Domingue zu ersten Unruhen, die sich zunächst zwischen *weißen* Kolonialist_innen zutrugen. Zu der Zeit lebten auf der karibischen Insel etwa 30 000 Weiße, etwa 25 000 Schwarze, die mehr oder weniger frei waren, und etwa 500 000 versklavte Menschen. Die Kolonie galt als «Juwel der Karibik», wirtschaftlich ein wichtiger Faktor, vor allem wegen des Zuckerrohranbaus. Zugleich war die Insel als Handelsknotenpunkt von strategischer Bedeutung und deshalb von Frankreich, England, Spanien und den USA begehrt, die zahlreiche bewaffnete Auseinandersetzungen um die Insel führten.

Ab Mitte 1789 kam es zu Aufständen in Saint-Domingue, an

denen die Versklavten zunächst als handelnde Akteur_innen noch nicht beteiligt waren. Abgesehen von den *Amis des Noirs* zweifelte kaum ein Weißer am Sklavereisystem in den Kolonien. Die Gewalt nahm unterdessen zu, die Insel drohte im Chaos zu versinken. Dadurch erhöhte sich die Bereitschaft der versklavten Menschen zum Aufstand. Große Teile von Saint-Domingue gerieten ab Sommer 1791 tatsächlich in Aufruhr. Allerdings fehlte den Aufständischen zunächst eine einheitliche Führung, sie waren untereinander zerstritten. Im Zentrum standen die Frage der persönlichen Freiheit und eine mögliche Existenz als Kleinbauer.

Die Abschaffung der Sklaverei 1794/95 durch die Nationalversammlung in Paris blieb eine fragile Erklärung. Zum einen war die karibische Insel ein von verschiedenen Mächten bedrohtes und umkämpftes Gebiet, zum anderen unterliefen die *weißen* Kolonialist_innen in Saint-Domingue die Pariser Beschlüsse. Das war die historische Stunde von Francois Dominique Toussaint, der später den Beinamen L'Ouverture erhielt. In den 1740er Jahren geboren, wurde er 1776 aus der Sklaverei entlassen und im Anschluss ein erfolgreicher Geschäftsmann. Er konnte auf der Insel ein umfangreiches Netzwerk aufbauen. Anfangs noch umstritten, weil er als königstreu galt und mit den Kolonialist_innen durchaus eng zusammengearbeitet hatte, wurde er ab 1794 zum Führer der Aufstandsbewegung. Er agierte nicht mehr nur für die Freiheit des Einzelnen, sondern generell für die Abschaffung des Sklavereisystems. In einem verlustreichen und widersprüchlichen Kampf siegten Toussaints Aufständische schließlich, er selbst wurde 1801 unumstrittener Herrscher der gesamten Insel, einschließlich der spanischen Seite. Napoleon wollte die Insel, die sich immer stärker von Frankreich zu lösen drohte, nicht kampflos aufgeben. Er entsandte Truppen, die brutal und für beide Seiten verlustreich den Aufstand niederschlugen. Toussaint wurde in eine Falle gelockt und starb im April 1803 in einem Kerker in den französischen Alpen.

Die Nachricht von seiner Festnahme stachelte den Widerstand ebenso an wie die, dass die Sklaverei wieder eingeführt werde. Der Historiker Stefan Rinke schreibt, der französische Vernichtungszug gegen die Aufständischen habe «genozidale Züge» angenommen. Dennoch konnten letztlich unter Jean-Jacques Dessalines als Nachfolger Toussaints die französischen Truppen vertrieben werden, Napoleon gab seine Kolonialpläne in Nordamerika auf.

Dessalines rief zum 1. Januar 1804 die Unabhängigkeit aus. Das erste und letzte Mal in der Weltgeschichte hatten Sklav_innen sich eigenhändig aus den Fesseln der Sklaverei befreit und eine eigene Republik gegründet, die noch längst nicht stabil war und weiteren stürmischen Zeiten entgegensah. Nichts sollte künftig mehr an Frankreich erinnern. Der neue Name «Haiti» war dem Taíno-Wort für Hochland entnommen. Aus der französischen Trikolore ist für die eigene Fahne das Weiß getilgt worden – wegen der «Hautfarbe» ihrer einstigen Peiniger.

Erst infolge einer weiteren Revolution erklärte Frankreich am 4. März 1848 die endgültige Abschaffung der Sklaverei: Das betraf 262 564 Männer, Frauen und Kinder in den französischen Kolonien. Das französische Kolonialreich brach schließlich in den 1950/60er Jahren zusammen, nicht ohne dass sich Frankreich einige koloniale Territorien bis heute bewahrt hätte.

Und Haiti? Der Aufstand und die Unabhängigkeit waren, wie der berühmte Historiker David Brion Davis jüngst festhielt, «ein Wendepunkt der Geschichte». Haiti wurde zum Sinnbild und Ausgangspunkt einer globalen Dekolonisationsbewegung, die nunmehr seit über 200 Jahren anhält. Die Last, die Haiti zu tragen hatte, war immens. Die USA erkannten das Land erst in den 1860er Jahren an, Frankreich «bereits» 1825 – allerdings unter der Bedingung, Haiti müsse als Entschädigung 150 Mio. Francs, später auf 90 Mio. gesenkt, erstatten. Bis 1947 – also 122 Jahre lang – musste Haiti zahlen. Damit war der Grundstein dafür gelegt, dass Haiti bis in unsere Tage zu einem der ärmsten Länder der Welt zählt – mit tödlichen Folgen für seine Bewohner_innen: «Nicht Erdbeben, sondern Gebäude töten Menschen», betonten im Januar 2010 britische Wissenschaftler_innen und Architekt_innen, als ein Großteil Haitis zerstört wurde. Und der Ökonom und einflussreiche New Yorker Journalist Tunku Varadarajan erklärte, Haiti könnte eine Chance haben, wenn Frankreich die umgerechnet 22 Milliarden US-Dollar an das Land zurückgäbe, die es von ihm unberechtigterweise bis 1947 eingestrichen hat.

81. Begingen Deutsche in Namibia einen Völkermord? Bei einem Völkermord werden Menschen mit dem Ziel ermordet, ihre Gesellschaft zu vernichten. Ein Synonym dafür ist Genozid. Der seit 1970 in Deutschland lebende Herero-Namibianer Israel Kaunatjike vom

Aktionsbündnis «Zeugen des deutschen Völkermords» hat die Bundesregierung wiederholt aufgefordert, «endlich den von der so genannten deutschen Schutztruppe zwischen 1904–1908 im heutigen Namibia begangenen Genozid einzugestehen». Im Anschluss an eine Kleine Anfrage der Fraktion Bündnis 90/Die Grünen wurde am 22. März 2012 im Bundestag ein Antrag von SPD und Grünen beraten, den «Vernichtungskrieg in Namibia von 1904–1908» als «ein Kriegsverbrechen und Völkermord» anzuerkennen – nachdem es ihre eigene Regierung unter Bundeskanzler Gerhard Schröder und Außenminister Joschka Fischer strikt vermieden hatte, eben dies zu tun. Die Regierungskoalition lehnte ab.

Eine staatsoffizielle Anerkennung des Genozids hätte, so seit Jahren die nichtoffizielle Argumentation, unkalkulierbare juristische und finanzielle Folgen. Hinzu kommt bei einigen das Unbehagen, dies könnte die Shoah relativieren. Offiziell wird argumentiert, so in einer Erklärung des Bundestagspressedienstes vom 8. Dezember 2011, dass die UN-Konvention über Verhütung und Bestrafung des Völkermordes aus dem Jahre 1948 für die Bundesrepublik erst 1955 in Kraft getreten sei. Deswegen könne sie historische Ereignisse «unter Anwendung völkerrechtlicher Bestimmungen, die im Zeitpunkt dieser Ereignisse für die Bundesrepublik Deutschland nicht in Kraft waren», nicht bewerten. Dieser Logik zufolge dürfte die Bundesregierung auch die Shoah nicht als Völkermord bezeichnen, was sie aber zum Glück bereits längst getan hat.

Was war 1904–08 geschehen? Kurz nach der blutigen Niederschlagung des Wahehe-Aufstands gegen die deutsche Kolonialregierung im heutigen Tansania und kurz vor Ausbruch des Maji-Maji-Aufstandes in Deutsch-Ostafrika erklärte Herero-Führer Samuel Maharero 1904 den deutschen Aggressoren den Krieg. Mit der Schlacht am Waterberg unter General Lothar von Trotha wurde dieser Aufstand mit einen deutschen Vernichtungsfeldzug beantwortet. Trotha ließ zehntausende Herero in die wasserlose Omaheke-Wüste treiben und verdursten. Am 2. Oktober 1904 verfasste er schließlich einen Schießbefehl: «Ich, der große General der deutschen Soldaten, sende diesen Brief an das Volk der Herero … Das Volk der Herero muß jetzt das Land verlassen. Wenn das Volk dies nicht tut, so werde ich mit dem großen Rohr es dazu zwingen. Innerhalb der deutschen Grenze wird jeder Herero, mit oder ohne Gewehr, mit oder ohne Vieh, erschossen.» Trotz einiger Proteste aus der deutschen Politik (vor allem aus sozialdemokratischen Kreisen) machte von Trotha seinen Plan wahr. Bei diesem Genozid sind rund 80 Prozent der 80 000 Herero und zehn Prozent der 20 000 Nama, die sich dem Aufstand angeschlossen hatten, ermordet worden. Überlebende Herero und Nama wurden in Konzentrationslager gebracht und starben dort an Seuchen, Unterernährung und den Folgen der Zwangsarbeit. Während Tausende Totenschädel zu «wissenschaftlichen Untersuchungen» nach Deutschland gebracht wurden, siedelten sich *weiße* Deutsche auf dem gewaltvoll angeeigneten Land an.

Am 14. August 2004 kam es unter der Schröder-Regierung zu einer ersten symbolischen Verantwortungsübernahme. Bei einer Gedenkfeier in Namibia 100 Jahre nach Beginn des Völkermords sprach die damalige Bundesministerin für wirtschaftliche Zusammenarbeit und Entwicklung Heidemarie Wieczorek-Zeul vom «Vernichtungskrieg» und sagte, dass die «damaligen Gräueltaten» das waren, «was heute als Völkermord bezeichnet würde». Nur ein Fast-Völkermord kam ihr über die Lippen, und auch nur eine Beinahe-Entschuldigung, denn sie bat um Versöhnung statt um Entschuldigung. Das war eine politische Grundsatzentscheidung, weil das Wort Entschuldigung juristisch das Einklagen von Entschädigungszahlungen hätte nach sich ziehen können.

Mittlerweile finanziert die DFG die Forschungsgruppe «Human Remains Projects» der Berliner Charité, die sich der Aufarbeitung der eigenen Geschichte der anthropologischen Skelettsammlung mit etwa 7000 Schädeln widmet und es sich zum Ziel gesetzt hat, so viele Schädel wie möglich Namen zuzuordnen, damit die sterblichen Überreste von den Hinterbliebenen würdig beerdigt werden können. In diesem Zusammenhang hat sich die Bundesregierung bereit erklärt, in einem symbolischen Staatsakt am 30. September 2011 20 Schädel von Opfern des deutschen Genozids in Namibia zurückzugeben. 60 Delegierte aus Namibia waren gekommen. Cornelia Pieper, Staatsministerin im Auswärtigen Amt, war die höchste Repräsentantin, die Deutschland an diesem Tag entbehren konnte. Ihre Rede entsetzte viele der Zuhörer_innen im überfüllten Hörsaal der Charité, lautstarker Protest erhob sich. Deutschland kenne seine «historische und moralische Verantwortung», so Pieper. Sie betonte die «Sonderbeziehung» zwischen Namibia und Deutschland, die sie darin sieht, dass die Deutschen die «größte Gruppe von Touristen in Namibia stellen». Was für ein Faupax angesichts der 20 Gebeine, die

neben ihr standen, und der Tatsache, dass es den meisten Namibier_
innen weder finanziell noch visatechnisch möglich ist, Deutschland
zu bereisen. Pieper verließ undiplomatisch sofort nach ihrer Rede
den Hörsaal – ohne sich auch nur eine Rede eines Vertreters der
namibischen Regierungsdelegation anzuhören.

Die Oppositionsparteien beantragten am 22. März 2012 die Ein-
richtung einer deutsch-namibischen Parlamentariergruppe; die Ein-
setzung einer Enquete-Kommission ist überfällig. Wenn das an den
Herero und Nama verübte Verbrechen als Völkermord bezeichnet
wird, wird die Shoah keineswegs verleugnet oder relativiert, wohl
aber der Verleugnung des Völkermordes an den Herero ein Ende bereitet.

82. Sind Entschädigungsforderungen für Sklaverei und Kolonialis-
mus gerechtfertigt?

Aimé Césaire (1913–2008) beschreibt in sei-
nem berühmten Buch *Über den Kolonialismus* (1950), wie die kolonisierten Gesellschaften «um sich selbst gebracht wurden»: «Ich …
spreche von zertretenen Kulturen, von ausgehöhlten Institutionen,
von beschlagnahmtem Land, von ermordeten Religionen, von ver-
nichteter Kunst, von außerordentlichen Möglichkeiten, die ausgelöscht wurden.» Der nigerianische Nobelpreisträger von 1986 Wole
Soyinka setzt in seinem Buch *Die Last des Erinnerns* (2000) hier an:
«Der Sklavenhandel verursachte in weiten Teilen des Kontinentes
auch einen Bruch der organischen wirtschaftlichen Systeme.» Diese
Zerrüttung funktionierender Systeme fand ihre Fortsetzung im
Kolonialismus, der – «mindestens in Teilen – zweifellos für die gera-
dezu unüberwindlichen wirtschaftlichen Probleme dieses Kontinentes heutzutage verantwortlich gemacht werden» muss. Auch die
politische Instabilität «innerhalb der sogenannten Nationen, die
heute die Gesamtheit des Kontinentes darstellen», führt er auf den
Kolonialismus und die fehlende Logik der kolonialen territorialen
Grenzziehungen zurück. Soyinka: «Kulturelle und spirituelle Vergewaltigung … haben unauslöschliche Spuren in der kollektiven Psyche
und dem Identitätsempfinden der Völker hinterlassen, ein Prozess,
der durch die aufeinander folgenden Wellen kolonisierender Horden
praktiziert wurde, die die zusammenhängenden Traditionen brutal
unterdrückten.» Umgekehrt wäre die von England ausgehende Industrielle Revolution, die Europa und Nordamerika in die ökonomische Blüte trieb, ohne Kolonialismus und Sklaverei nicht denkbar

gewesen. Diese Dynamik fasst der weltweit einflussreiche Historiker Ali Mazrui in der Formel «From Slave Ship to Space Ship» zusammen.

So wie dieser ökonomische Boom Armut und Reichtum nachhaltig verteilte, verjähren auch Staatsverbrechen und Völkermorde nicht. Deswegen fordern Schwarze auf der ganzen Welt Reparationen für 400 Jahre Versklavung und Kolonialismus und die Anerkennung der Versklavung von afrikanischen Menschen als «Verbrechen gegen die Menschlichkeit». Weil Entschädigungszahlungen nur bedingt «wiedergutmachen», muss ihre Symbolkraft erkennbar sein. Es geht darum, Verantwortung zu übernehmen und eine Erinnerungspolitik zu betreiben, die dem Vergessen des letzten Jahrhunderts ein offensives Mahnen und Erinnern entgegenstellt. Die Verbrechen müssen dokumentiert, der Opfer muss gedacht und die ideengeschichtlichen Kontinuitäten müssen aufgedeckt werden. Dafür sind Strukturen und Institutionen nötig, die finanziert werden müssen. Auch in der Errichtung solcher erinnerungspolitischen Infrastrukturen kann sich Wiedergutmachung ausdrücken. Nicht zuletzt muss Wiedergutmachung auch daran ansetzen, afrikanischen Ländern jene Kunstgegenstände zurückzugeben, die ihnen von den Kolonialmächten gestohlen wurden und die bis heute in europäischen Museen lagern.

83. Wer war Frantz Fanon? Frantz Fanon schrieb über Rassismus und Kolonialismus in ihrer Verknüpfung mit Widerstand, Dekolonisation und Revolution. Seine Bücher *Peau noir, Masques blancs* (1952) und *Les damnés de la terre* (1961) avancierten zu geisteswissenschaftlichen und politischen Monumenten. Nicht nur als Orientierung im politischen Kampf, auch in wissenschaftlichen Diskussionen über Rassismus und Kolonialismus wirken seine Theorien nachhaltig. Vielen gilt Fanon heute neben Edward Said als wichtigster Pionier der postkolonialen Theorie und Vordenker jener postkolonialen Analyse, die Kolonialismus in seinen Auswirkungen auf Schwarze wie Weiße diskutiert.

Frantz Fanon wurde 1925 in eine wohlhabende Schwarze Familie auf Martinique geboren. Als Schüler begegnete er Aimé Cesaire, neben Leopold Sédar Senghor dem wichtigsten Protagonisten der Negritude, der wohl einflussreichsten kulturpolitischen Widerstandsbewegung Schwarzer Intellektueller der Kolonialzeit. Zusammen mit vielen anderen Schwarzen Soldaten kämpfte Fanon in den Reihen der alliierten Armeen gegen den Nationalsozialismus. Für ihn war – wie für viele andere Afrikaner_innen – diese Erfahrung einschneidend. Vor allem schockierte jene, die in den Krieg gezogen waren, um den völkerauslöschenden Nationalsozialismus zu bekämpfen, dass sie als Schwarze Soldaten massiv und strukturell sanktioniert Rassismus ausgesetzt waren.

Nach Kriegsende hatte Fanon dank seiner wohlhabenden Eltern die Möglichkeit, in Paris Medizin zu studieren. Rassismuserfahrungen waren auch hier alltäglich. In dieser Zeit schrieb er *Peau noir, Masques blancs* (1952) – eine Analyse des Rassismus in Sprache und Gesellschaft, die zum einen aufzeigt, wie Rassismus von Weißen benutzt wird, um sich jedes Unrechtbewusstseins zu entledigen und die eigenen kolonialen Verbrechen auf Afrika zu projizieren. Zum anderen geht es Fanon darum, nachzuzeichnen, wie der Rassismus auch Selbstwahrnehmungen von Schwarzen nachhaltig beeinflusst und dabei zu ernsthaften mentalen Deformationen führen kann. Als Opfer eines institutionalisierten und strukturell sanktionierten Rassismus verinnerlichen Schwarze den Mythos von ihrer eigenen Minderwertigkeit, die dann in einer traumatisierenden Selbstverleugnung ausgelebt wird.

1953 übernahm Fanon den Posten eines Chefarztes der psychiatrischen Klinik Blida, südlich von Algier. Aus Protest gegen die brutale französische Niederschlagung des algerischen Aufstands legte er 1954 seinen Posten nieder und siedelte nach Tunis über, dem Sitz der provisorischen algerischen Regierung.

Als Kwame Nkrumah 1958 Ghanas Unabhängigkeit ausrief, ging Fanon als Vertreter der algerischen Exilregierung nach Accra. Dort studierte er den ghanaischen Weg in die Unabhängigkeit. Sein zweites Buch *L'an V de la révolution algérienne* (1959) klagt Frankreich des Massenmordes an der algerischen Bevölkerung an und entwirft die Utopie eines freien Algeriens, in dem alle gleichberechtigt miteinander leben können. Das Verbot des Buches in Frankreich beförderte Fanons Popularität in der kolonialen Welt immens. Als 1960 Ärzte bei ihm eine unheilbare Form von Leukämie diagnostizierten, schrieb er sein politisches Vermächtnis: *Les damnés de la terre*. Das Buch analysiert die manichäische Ideologie des Kolonialismus, die den Kolonisierten als Quintessenz des Bösen und als Abwesenheit von Geschichte, Ethik und allem Menschlichen konstruierte. Drei

Tage vor seinem Tod am 6. Dezember 1961 hielt er sein gedrucktes Buch in den eigenen Händen.

Frantz Fanon ist eine Ikone der antikolonialen Widerstandsbewegung und einer der wichtigsten Vordenker jeder Rassismusanalyse. Seine Werke sind auf Deutsch, sofern überhaupt verfügbar, nur in schlechten, der rassistisch-kolonialen Sprache verbundenen Übersetzungen erhältlich.

84. Wie spreche ich über Rassismus, ohne ihn sprachlich zu reproduzieren? Rassismus ist wortgewaltig und übt Gewalt über Worte aus.

In vielen Kontexten ist es sehr einfach, auf rassistische Vokabeln zu verzichten. So ist es etwa ein kleiner und doch entscheidender Unterschied, ob ich konstatiere «Kein Mensch sollte wegen seiner Rasse diskriminiert werden» oder aber sage: «Kein Mensch sollte rassistisch diskriminiert werden.» Ich kann konsequent von Rassismus gegen Schwarze oder von People of Color (statt die ganze Palette von «N-Wörtern» und «M-Wörtern» aufzurufen) sprechen; so wie ich nicht vom Stamm der Franzosen spreche, rede ich auch nicht vom Stamm der Apachen, sondern einfach von Apachen – alternativ ginge auch die Gesellschaft der Apachen, aber nur in einem Kontext, in dem es analog auch Sinn machen würde, von der Gesellschaft der Franzosen zu sprechen. Eigentlich würde es hier «französische Gesellschaft» heißen und ich müsste analog von der appachischen Gesellschaft sprechen. Tue ich dies, irritiere ich meine Zuhörer_innen. Eine solche Irritation ist eine produktive Strategie, um Auseinandersetzungen mit Rassismus in Gang zu setzen.

Es gibt Zusammenhänge, in denen es schwierig ist, rassistische Worte zu vermeiden. Bei einigen haben sich Formulierungen etabliert, die das rassistische Wort andeuten, um es zugleich zu brechen. Dazu gehört das «N-Wort». In seinem Original-Wort steckt so viel Hass, Gewalt und Terror, dass es auch dann mitten in die Seele sticht, wenn es nur zu dem alleinigen Zweck ausgesprochen wird, es harscher Kritik zu unterziehen. Es gibt viele solcher Worte.

Was aber, wenn solche Abkürzungen noch gar nicht etabliert sind, ich aber nicht umhin komme klarzustellen, wovon ich spreche? Ich bin in wissenschaftlichen Artikeln dazu übergegangen, das Wort im Haupttext abzukürzen, etwa als «M-Wort» oder «Zi.», um in einer Fußnote das Wort einmal auszuschreiben. So gebe ich den Leser_ innen die Möglichkeit, sich diese Information einzuholen – oder sie sich zu ersparen. Dieses Verfahren wende ich auch bei Vorträgen an. Ich habe gefaltete Handouts verteilt und die verwendeten rassistischen Wörter durchnummeriert. Dann konnte ich im Vortrag sagen, im Folgenden geht es um Wort Nummer 1 etc. und die Zuhörer_innen konnten selbst entscheiden, ob sie sich das Wort aus dem Kontext erschließen oder sich durch die Lektüre des rassistischen Wortes versichern wollen.

Ähnlich gehe ich bei Zitationen vor. Oftmals zitiere ich aber nicht direkt, sondern indirekt, wobei ich dann Formulierungen finde, wie etwa, dass Kant den Schwarzen, die er mit dem «N-Wort» bezeichnet, zuschreibt, dass sie seltsame Ausdünstungen hätten, die von ihrer Minderwertigkeit zeugen würden. Manchmal zitiere ich aber auch direkt, wobei ich genau abwäge, ob dies wirklich unvermeidlich ist.

Dieser Eingriff in Originaltexte ist noch sinnvoller, wenn es sich um Übersetzungen von Kolonialismuskritiker_innen in die deutsche Sprache handelt. Gerade im deutschen Kontext gibt es viele Beispiele dafür, dass Schwarze Autor_innen von Weißen übersetzt wurden, die sich nicht mit der Frage auseinandergesetzt haben, wie rassismussensibel zu übersetzen ist. Die deutsche Übersetzung von Fanons *Peau Noir, Masques Blancs* steht exemplarisch dafür. Zitiere ich aus dieser Übersetzung, so ersetze ich die rassistischen Begriffe mit gängigen Vokabeln gegen den Rassismus, nicht ohne dies in einer Fußnote anzumerken und zu erklären. Neuübersetzungen sind weithin üblich und wurden längst auch für *Pippi Langstrumpf* und andere Klassiker eingefordert.

Nicht allen wird dieses Verfahren einleuchten oder behagen. Das ist nachvollziehbar. Der Fantasie sind keine Grenzen gesetzt, wenn es darum geht, rassistische Begriffe zu beschneiden statt im Sprechen über Rassismus fortzuschreiben. Der Verzicht auf rassistische Wörter lässt jedenfalls keine sprachlichen Leerstellen entstehen, vielmehr schafft er bewusste Irritationen, Ausgangspunkte für notwendige individuelle wie gesellschaftliche Reflexionen.

85. Warum heißt die Berliner Mohrenstraße manchmal Möhrenstraße?

Sind Straßen nach Personen benannt, soll diesen eine besondere Ehrung zuteil werden, sollen sie Teil des kollektiven Gedächtnisses bleiben oder werden. Straßennamen tragen ein kulturpolitisches Selbstbekenntnis zur Schau. Straßenumbenennungen, so umstritten sie jeweils auch sein mögen, sind Teil aktiver Erinnerungspolitik.

Adolf-Hitler-Straßen gab es nach 1933 überall in Deutschland, auch in einigen von den Deutschen okkupierten Ländern. 1945 wurden diese Straßennamen ausgelöscht. Oft kam es zu Rückbenennungen, wobei in der DDR nunmehr die SED-Diktatur ihrerseits zahllose Straßen nach Kommunist_innen benannte. Nach 1989 bestand weithin Einigkeit darüber, sich dieses Erbes zu entledigen – was allerdings noch längst nicht überall geschehen ist. Der Name des U-Bahnhofes Mohrenstraße wiederum steht für ein anderes prekäres Defizit im erinnerungspolitischen Umgang mit Straßennamen.

Bei seiner Einweihung 1908 ist der U-Bahnhof nach dem nahegelegenen Hotel «Kaiserhof» benannt worden. Seit seiner Wiedereröffnung am 18. August 1950 hieß er «Thälmannplatz», so wie seit dem 30. November 1949 der Platz vor dem Bahnhof. Als für den von den Nazis ermordeten KPD-Führer 1986 im Prenzlauer Berg ein wuchtiges Denkmal eingeweiht und zugleich ein großer Park mit vielen Wohnungen zum «Ernst-Thälmann-Park» wurde, erfolgte abermals eine Umbenennung. Der U-Bahnhof hieß nun «Otto-Grotewohl-Straße», so wie die Wilhelmstraße vor dem Bahnhof seit 1964 hieß – dem Todesjahr des ersten DDR-Ministerpräsidenten. Während die Straße 1993 in Wilhelmstraße zurückbenannt wurde, wurde der U-Bahnhof 1991 nochmals neu benannt – und zwar nach der angrenzenden «Mohrenstraße».

In keiner anderen deutschen Stadt hat sich der deutsche Kolonialismus und Rassismus in so viele Straßen und Plätzen eingeschrieben wie in Berlin. Hier sind 70 Straßen und Plätze nach deutschen Kolonialverbrechern (z. B. Gustav Nachtigall, Herrmann von Wissmann, Adolf Lüderitz oder Carl Peters) und Orten deutscher Kolonialverbrechen (z. B. Kameruner Straße, Kongostraße, Togostraße oder Swakopmunder Str.) unkritisch benannt. Die Berliner M.straße stellt dabei ein besonders bezeichnendes Beispiel dar, denn hier wird ein Schauplatz des Kolonialismus mit einem rassistischen Begriff benannt.

Die noch unbefestigte Straße erhielt um 1700 ihren Namen, weil hier Menschen untergebracht waren, die im Kolonialjargon als «M.» bezeichnet wurden. Wer sie genau waren und warum sie hier weilten, darüber gibt es verschiedene Mutmaßungen (z. B. Militärmusiker, Diener des Königs oder anderer Adelshäuser, Repräsentanten ihrer Völker, die sich symbolisch unterwerfen sollten), überzeugende Quellenbeweise für eine bestimmte These fehlen. Sicher ist wohl, dass diese Afrikaner_innen weder freiwillig die lange Reise von Westafrika angetreten hatten noch Berlin als freie Menschen betraten bzw. wieder verließen. Es waren versklavte Afrikaner_innen.

Deswegen begründete u. a. der Politologe Yonas Endrias 2004 die Initiative «Kolonialismus und Rassismus im öffentlichen Straßenbild», die eine Umbenennung dieser Straße fordert. Ein politisches Bündnis errang in Berlin-Kreuzberg tatsächlich einen Erfolg, wo das Gröbenufer (benannt nach dem ersten Brandenburgischen Kolonial-Gouverneur und Erbauer der Festung Groß Friedrichsburg an der westafrikanischen Küste) 2010 in May-Ayim-Ufer (eine namhafte afrodeutsche Dichterin und Aktivistin gegen Rassismus) umbenannt wurde. Andere Umbenennungsaktionen – wie etwa die Carl-Peters-Straße, die kurzerhand umgewidmet und einem anderen Carl Peters zugeschrieben wurde – tragen keine Früchte. Dazu zählt auch die Umbenennungsinitiative zur «M.straße».

Die zuständige Bezirksverordnetenversammlung Berlin-Mitte lehnte eine Umbenennung des rassistischen Straßennamens ab. Daraus ist eine Protestbewegung erwachsen, die heute von 20 Bürgerbewegungen getragen wird. Angesichts der Tatsache, dass die Namen der Menschen nicht überliefert sind, wird gefordert, die Straße nach einem Schwarzen Widerstandskämpfer gegen koloniale Herrschaft zu benennen.

Und was den U-Bahnhof angeht: Welchen Eindruck vermittelt Deutschlands Hauptstadt hier seinen Tourist_innen aus aller Welt und seinen Bürger_innen of Color? Besonders zynisch ist, dass man auf diesem Bahnhof aussteigen muss, wenn man zur *Beauftragten der Bundesregierung für Migration, Flüchtlinge und Integration* möchte. Sitz: Mohrenstraße 62. Einige Berliner_innen haben sich daher entschlossen, die M.straße in Möhrenstraße umzutaufen und setzen dem «o» regelmäßig eine Mütze auf.

86. Wer war Sojourner Truth? Sojourner Truth – den Namen gab sie sich später selbst – zählt in den USA zu den berühmtesten Persönlichkeiten der Geschichte. Nach ihr sind Institutionen benannt, Denkmäler sind ihr zu Ehren errichtet worden, noch zu Lebzeiten empfing Präsident Abraham Lincoln sie, ein Abschnitt des Highway M-66 trägt ihren Namen, 1986 kam eine Briefmarke mit ihrem Porträt heraus, ein Marsfahrzeug ist nach ihr benannt, sie ist in zwei Halls of Fame aufgenommen worden, es gibt viele Biographien über sie und sie ist die erste Schwarze Frau, deren Büste im US-Capitol aufgestellt wurde (2008). In der Bürgerrechtsbewegung zählt sie zu den Ikonen schlechthin. – In Deutschland ist sie praktisch unbekannt. In kaum einem Buch aus deutscher Feder zur Geschichte der USA wird sie auch nur erwähnt. Wer war diese Frau?

Sie wurde 1797 als Isabella in Hurley (New York) geboren. Zusammen mit ihren Eltern und ihren neun Geschwistern wurde sie als Sklavin gefangen gehalten. Als junges Mädchen wurde sie zwangsverheiratet. Da ihr einige Jahre später versprochen worden war, dass sie ihre Freiheit erhalten werde, was aber «ihr Besitzer» nicht einhielt, floh sie 1826 zu einem in der Nähe wohnenden Quäker, der wie die meisten in dieser Religionsgemeinschaft zu den US-Abolitionist_innen gehörte. Dieser kaufte sie frei und stellte sie zunächst als Hausangestellte an. Ab 1843 zog sie als Wanderpredigerin (daher ihr selbstgewählter Name) durchs Land. Sojourner Truth trat politisch auf, wandte sich gegen Sklaverei, trat für die Rechte aller Frauen sowie für das allgemeine Wahlrecht ein. 1850 veröffentlichte sie ihre Autobiographie, die sie landesweit bekannt machte. Bis zu ihrem Tod am 26. November 1883 setzte sie sich für die Rechte der Schwarzen und der Frauen ein. Dabei kritisierte sie auch *weiße* Frauen, die in ihrem Kampf zumeist die Schwarzen Frauen übergehen würden. Sojourner Truth war ungewöhnlich mutig, standhaft, rhetorisch glänzend und in ihrem landesweiten Wirken zu jener Zeit einzigartig.

Ihre wohl berühmteste Rede – *Ain't I a Woman?* – hielt sie im Mai 1851 in Akron (Ohio) auf einem Konvent der Frauenrechtsbewegung. Daraus seien einige Sätze wiedergegeben: «Mir hilft nie jemand beim Einsteigen oder über Schlammpfützen und mir gibt man nie den besten Platz. Und bin ich etwa keine Frau? Schaut mich an! Schaut meine Arme an! Ich habe gepflügt und gepflanzt und die Ernte eingebracht und kein Mann konnte mir was vormachen! Und bin ich etwa keine Frau? Ich habe so viel arbeiten und so viel essen können wie ein Mann – wenn ich es kriegen konnte – und auch die Peitsche aushalten! Und bin ich etwa keine Frau? Ich habe 13 Kinder geboren und musste mit ansehen, wie fast alle als Sklaven verkauft wurden, und wenn ich in meinem Mutterschmerz aufgeschrien habe, hat mich niemand gehört, nur Jesus! Und bin ich etwa keine Frau? ...)

Und dann der kleine Mann in Schwarz dort drüben, er sagt, Frauen können nicht so viele Rechte haben wie Männer, weil Christus keine Frau war! Wo kam denn Christus her? Wo kam denn Ihr Christus her? Von Gott und einer Frau! Ein Mann hatte nichts damit zu tun...» (zit. nach: Klassikerinnen feministischer Theorie. Königstein/Ts. 2008, Band 1, S. 99, (übersetzt von Susanne Opfermann).

87. Darf man «Hautfarben» sehen? In einem Urteil des Verwaltungsgerichts Koblenz vom 28. Februar 2012 heißt es: «Beamte der Bundespolizei dürfen Reisende jedenfalls auf Bahnstrecken, die Ausländern zur unerlaubten Einreise oder zu Verstößen gegen das Aufenthaltsgesetz dienen, verdachtsunabhängig kontrollieren. Es ist ihnen bei Stichprobenkontrollen nicht verwehrt, die Auswahl der anzusprechenden Personen auch nach dem äußeren Erscheinungsbild vorzunehmen.» Das Begehren eines Schwarzen Mannes, es als Beleidigung anzuerkennen, dass er regelmäßig in Zügen und anderen Orten kontrolliert wird, wurde damit abgewiesen. Dabei äußerte einer der beklagten Polizisten im Laufe des Verfahrens, er kontrolliere Menschen, von denen er vermute, dass sie sich illegal in Deutschland aufhalten: «Er spreche dabei Leute an, die ihm als Ausländer erschienen. Ein Kriterium sei hierbei auch die Hautfarbe.» Die Richter_innen in Koblenz halten dies für legitim. Wenn «Hautfarbe» als Kriterium benutzt wird, um eine Unschuldsvermutung aufzuheben, so widerspricht das dem Artikel 3 des Grundgesetzes sowie dem Allgemeinen Gleichstellungsgesetz vom 14. August 2006.

Im öffentlichen Denken und Sprechen sind «Hautfarben» bedeutungsschwere Kategorien. Sie dienen seit jeher als Kriterium der Binnendifferenzierung von Menschen nach «Rassen». Dabei stellt «Weiß» keine andere Hautfarbe, sondern die unterstellte Norm dar.

Ende März 2012 fand eine der üblichen abendlichen Talk-Shows im Fernsehen statt. Anne Will diskutierte mit ihren Gästen über das Thema «Albtraum Pflege». Barbara Scheel, seit 1988 Ehefrau des Altbundespräsidenten Walter Scheel, erzählte, ihre altersschwache Mutter sei in einem Pflegeheim untergebracht: «Die Pflegekräfte sind, was das Menschliche anbelangt (ist ja ein schwerer Beruf), teilweise katastrophal ausgebildet. In dem Pflegeheim, von dem ich rede, ist jeder Zweite Ausländer und spricht kaum Deutsch. Wir haben einen schwarzen Afrikaner, so wie ich ein weißer Europäer bin, und wir haben 90-jährige Frauen, die sollen sich intim von so

einem Menschen pflegen lassen. Die haben erst mal einen Schock.»
Ihnen werde kein Respekt entgegen gebracht, fährt sie fort, wenn
ein Pfleger ihnen sage: «Du nicht gut, du nicht getrunken». Ausländer und «schwarzer Afrikaner» werden hier synonym verwendet
und gemeinsam vom «weißem Europäer» abgesetzt. Dabei findet
implizit auch eine Assoziationskette von Schwarz, Ausländer, feh-
lenden Deutschkenntnissen, fehlendem Respekt statt – und schon
stehen wir im kolonialistischen Diskurs des «unzivilisierten
Schwarzen ohne Moral».

Nach Widerspruch aus dem Publikum und vom Diskussionsteil-
nehmer Klaas Heufer-Umlauf bringt Ulrich Schneider, Geschäfts-
führer des paritätischen Wohlfahrtsverbandes, nun das Wort «Hautfarbe» ins Spiel: «Selbst unsere alten Damen sind so tolerant, dass
die Hautfarben denen dabei egal ist.» Nun, da klar ist, worüber gesprochen wird, «Hautfarbe» alias «Rasse», spricht Anne Will von
einem «‹leicht rassistischen Unterton» und fragt Scheel, ob sie sich
korrigieren möchte. Die Antwort fällt keineswegs hinter den Rassismus des zuvor Gesagten zurück: «Der Junge ist übrigens ein ganz reizender Junge, ein ganz reizender Pfleger.» Erinnert das nicht an die
kolonialistische Praxis, Schwarze Männer als «boy» zu bezeichnen?
So wirft auch Heufer-Umlauf in zynisch ambitionierter, aber verque-
rer Wortwahl ein: «Sie meinen, ein netter N.». Von diesem Begriff
distanziert sich die ältere Dame. Angesichts nicht aufhörender Proteste ruft sie verzweifelt das Grundgesetz an, betont, dass ihre Mutter klage, dass ihr (von diesem Pfleger) ihre ganze Würde genommen
werde und die Würde des Menschen doch unantastbar sei. Da ergänzt Anne Will: «Frau Scheel, ... egal welcher Hautfarbe.» Dabei
liegt sie fast richtig, denn im Grundgesetz Artikel 3 ist nicht von
«Hautfarben», sondern von «Rassen» die Rede, was im Prinzip heißen soll: «Niemand darf rassistisch diskriminiert werden».

Dass «Hautfarbe» bis heute eine immense Aussagekraft hat, lässt
sich nicht einfach dadurch überwinden, dass man sagt: Ich sehe
keine «Hautfarben», weil ich Antirassistin bin und sie deswegen
nicht mehr sehen will. Antirassismus ist wirkungsvoller, wenn das
Wahrnehmen von «Hautfarben» in eine alternative Konzeptualisie-
rung überführt wird. Statt biologistisch auf eine dunkle Hautfarbe
zu rekurrieren, kann von der Position gesprochen werden, die der
Rassismus einem vermittels «Hautfarbe» zuweist – und zwar unabhängig vom individuellen Wollen. Ich spreche von Weißen und

People of Color oder Schwarzen. Auf diese Weise kann das Sehen von «Hautfarben» in einer Weise benannt werden, die sich Rassismus widersetzt. Mit anderen Worten: Nicht dass «Hautfarben» gesehen werden, sondern wie sie gesehen und gewertet werden, ist neu zu gestalten – auch von Alt-Bundespräsidentengattinnen und juristisch legitimierten rassistischen Rasterfahndungen.

Wo das enden kann, zeigt eine jüngste Tragödie Ende Februar 2012. Als er kurz sein Zuhause verließ, um sich Süßigkeiten und Eistee zu kaufen, wurde der 17-jährige Trayvon Martin von George Zimmerman in Florida erschossen, weil dieser den Teenager für kriminell hielt. Präsident Barack Obama fand dafür folgende Worte: «Hätte ich einen Sohn, sähe er aus wie Trayvon Martin.»

VII. Rassismus und Migration

88. Warum soll Europa provinzialisiert werden? Die Europa-Utopie ist jahrhundertealt. Ab wann Menschen in Europa begannen, sich *auch* als Europäerinnen und Europäer zu begreifen, ist ebenso umstritten wie die Frage, ob Europa je zu einem zentralen Identifikationsmuster reifen wird. Letztlich ist «Europa» ein dem Wandel der Zeit unterworfener unscharfer Begriff. Ideengeschichtlich ist Europa ein altes Projekt, das sich vor allem in seiner Abgrenzung nach außen Form und Inhalt zu geben suchte.

Europa wird eine Einheit in der Vielfalt unterstellt. Kritiker_innen halten entgegen, Europa solle nicht als Resultat von Verbindungen und Synthesen, sondern von Unterscheidungen betrachtet werden. Der Historiker Wolfgang Schmale ergänzt, europäische Geschichte und Gegenwart finde dort statt, «wo Menschen Europa imaginieren und visualisieren ...». Dabei kommen dann Dynamiken zum Vorschein, die das «Fremde» und das «Eigene» obsolet erscheinen lassen und in den Blick nehmen, dass das europäische Projekt der «Europäisierung der Erde» (Wolfgang Reinhard) vor allem auch Europa und Europäer_innen selbst konturiert.

Diesen Aspekt macht der indische Historiker Dipesh Chakrabarty stark, der den methodisch-theoretischen Ansatz entwickelt hat, Europa zu provinzialisieren: Er vertritt die These, dass Europa bislang immer als «Moderne» gedacht und mit ihr gleichgesetzt worden sei. Dabei würden der Aufklärung zugeschriebene Konzepte als Ausgangspunkt der «First in Europe, then elsewhere»-Struktur fungieren. Raum und Zeit zusammen denkend erlaube es diese Denkfigur, «historische Zeit als Maßeinheit kultureller Distanz» zu denken – zunächst zwischen dem Westen und dem Nicht-Westen, später aber auch transferiert auf andere Zentrum-Peripherie-Kontexte. Chakrabarty macht darauf aufmerksam, wie diese «waiting-room version of history» Hierarchien und Dominanzen legitimiert – so eben etwa auch das koloniale Projekt im Dienste der «Zivilisierung» so genannter «not yet»-Kulturen. Auf diese Weise sei es dazu gekommen, dass politische und kulturelle Prozesse in der ganzen Welt stets ausgehend von einer europäischen Meta-Erzählung betrachtet worden seien. Diese Einsicht eröffnet Möglichkeiten der kritischen Hinterfragung eben dieser Meta-Erzählung. Dabei geht es nicht um eine eventuelle Zurückweisung oder Negation von «europäischem Denken», sondern darum, die «europäische Moderne» in ihren Ambivalenzen und Widersprüchlichkeiten sowie in ihren globalen Dimensionen zu denken. Vor diesem Hintergrund kommt Chakrabarty zu dem Schluss, dass das Projekt anstünde, Europa zu provinzialisieren und die Moderne auch als Misserfolgsgeschichte zu lesen, in der Kolonialismus, Faschismus/Nationalsozialismus oder Kommunismus keine Ausrutscher, sondern reguläre Ausformungen darstellen.

Chakrabartys Provinzialisierung öffnet den Weg, Grundsäulen der europäischen Geschichte in ihren Ambivalenzen anzuerkennen. Dies schließt ein, ihre diskursiven und strukturellen Verwandtschaften mit Kolonialismus, Rassismus, Nationalsozialismus und Totalitarismus offenzulegen und zu betonen, dass sich der Kolonialismus strukturell und diskursiv nachhaltig auf Europa ausgewirkt hat. Statt Rassismus als Betriebsunfall einer in Europa hervorgebrachten Moderne zu lesen, der überwunden sei, wird dieser so als ein konstitutives Element anerkannt. Die Logik der «Rassentheorien» wurde beispielsweise in Modernisierungstheorien überführt, die aber anstelle von «Rasse» als Konstrukt nunmehr auf ein Konzept von «moderner Entwicklung» rekurrierten.

Dieser Ansatz schließt ein zu hinterfragen, ob es nur *eine* Moderne gebe. Auch wenn Europa sich anschickte, die Welt zu kolonisieren: zu keinem Zeitpunkt traf es auf ein historisches oder kulturelles Vakuum. Die begleitenden Prozesse der Aneignung, die sich weltweit vollzogen, wirkten auf Europa zurück.

Im Ergebnis wird die Annahme eines naturgegebenen, eindeutig religiös oder kulturell definierbaren, homogenen Kulturraumes «Okzident» erschüttert, der als Zentrum und Norm zu gelten habe. Ebenso wie europäische Selbstverständnisse erschüttert die Provinzialisierung Europas auch tradierte Grenzen von Nationen. Als direktes Ergebnis der jahrhundertelangen europäischen Eroberungspolitik sind die immer rezenten Migrationsströme, die Menschen aus Europas ehemaligen Kolonien mitsamt ihrer kulturellen und religiösen Prägungen und Wissenssystemen in die europäischen Zentren brachte, und die stetig wachsenden neuen Diasporas in Europa ein offensichtlicher und zentraler Schauplatz von Europa als provinzialisiertem Raum. Die Sucht, die Erde zu europäisieren, hat auf Europa zurückgewirkt und verlangt nach einer postkolonialen Provinzialisierung und Resituierung Europas als transkulturellem, transreligiösem und transnationalem Ort für alle, die sich als europäisch verstehen.

89. Was sind Diasporas und was machen sie mit Europa? *Diaspora* meint, von seiner Wortherkunft her, *Zerstreuung*. Schon in der Antike wurde der Begriff zur Beschreibung menschlicher Migrationsprozesse herangezogen. Es waren Provinzen außerhalb der hellenistischen Metropolen, die die griechische Diaspora konstituierten. Im jüdischen Verständnis erfuhr der Begriff einen Bedeutungswandel. Er transportierte nunmehr Erfahrungen der Zerstörung des heiligen Tempels und der Vertreibung der Jüdinnen und Juden aus Palästina mit dem Ergebnis ihrer «Zerstreuung» über die ganze Welt. Der Gesichtspunkt der Freiwilligkeit war dabei Aspekten wie Zwang, Gewalt, Vertreibung und Trauma gewichen.

Im Zusammenhang mit Globalisierungstheorien der 1990er Jahre erfuhr der Begriff Diaspora einen neuerlichen Bedeutungswandel. Nunmehr wird von der Koexistenz einer Vielzahl von Diasporas ausgegangen, die analoge und divergierende gesellschaftliche Prozesse beschreiben. Der Oxforder Migrationsforscher Robin Cohen unterteilt fünf idealtypische Arten moderner Diasporas. Neben der «victim diaspora», zu denen die jüdische wie auch die afrikanische oder armenische Diaspora zählen, benennt er noch «labor diasporas», die er am Beispiel indischer Vertragsarbeiter diskutiert, «trade diasporas», denen er libanesische oder chinesische Handelsnetzwerke zuordnet, «cultural diasporas», die er ausgehend von der karibischen Migrationsgeschichte vorstellt, sowie «imperial diasporas», die in historischer Analogie zum ursprünglichen griechischen Gebrauch des Wortes weiße Siedlerkolonien in der ganzen Welt meinen.

Migrations- und Vertreibungsprozesse, die im Zuge von Kolonialismus und Nationalsozialismus vor allem in der zweiten Hälfte des 20. Jahrhundert zuvor nicht gekannte Ausmaße annahmen, hinterließen globale Spuren. Migrant_innen wandern, um neue gesellschaftliche Räume zu erschließen. Diaspora wird Heimat fern der Heimat, wobei als gemeinsam angenommene historische und kulturelle Erfahrungen zum Bindeglied im Residenzland werden und das Heimatland in der kollektiven Erinnerung als Mythos inszeniert wird. Gleichzeitig ergibt sich das diasporische Zusammengehörigkeitsgefühl aus analogen Erfahrungen wie etwa Ausgrenzung und Diskriminierung im Residenzland. Zugleich schreiben sich die diasporischen Kulturen in die Gesellschaften ihrer Residenzländer ein, selbst wenn dies mit Empörung und politischen Maßnahmen verhindert werden soll oder verleugnet wird. So werden migrierte Selbstverständnisse in den Diasporas ebenso ständig neu verhandelt und hergestellt wie kulturelle Selbstverständnisse der jeweiligen Residenzländer.

In und durch Diasporas entstehen neue Verbindungs- und Grenzräume, die Europas innere und äußere Grenzen neu entwerfen und damit Europas Selbstverständnis insgesamt. Es entstehen *Transräume*, die europäische und nicht-europäische Räume verweben.

90. Ist Deutschland ein Einwanderungsland? Kaum jemand würde die Frage verneinen, wenn es um die USA oder Israel geht. Aber Deutschland?

Bis ins ausgehende 19. Jahrhundert hinein war Deutschland vor allem ein Auswanderungsland. Die in Deutschland bestehenden sozialen Probleme wurden, wie der Migrationsforscher Klaus Bade anmerkt, exportiert. Industrialisierung, Wirtschaftswachstum, Urbanisierung, um einige Stichworte zu nennen, führten ab 1895 erstmals dazu, dass die Zuwanderungsrate im Kaiserreich die Auswanderung überstieg. Um 1900 wurden die Einwanderungszahlen nach Deutschland lediglich von den USA übertroffen (Russland oder China hatten gewaltige «Binnenwanderungen» zu verzeichnen). Der Historiker Dieter Gosewinkel zeigt, dass in dieser Zeit Deutschland «zum Arbeitsimportland» wurde «und damit – auf lange Sicht – den strukturellen Umbruch zum Einwanderungsland» vollzog. Diese

Mobilität wurde von vielen als Bedrohung, v. a. für die deutsche Kultur und Sprache, wahrgenommen.

Nach jahrzehntelangen Debatten wurde 1913 ein neues, von der linken Opposition kritisiertes Staatsbürgerschaftsrecht erlassen, das auf dem *ius sanguinis* aufbaute und «Deutschsein» an Kriterien wie «Abstammung» oder «Blutsverwandtschaft» band. Es war zudem an Nützlichkeit (Arbeit) sowie Wehrhaftigkeit (Militärdienst) geknüpft, d. h. vor allem durch Erfüllung dieser Kriterien konnten Ausländer_innen die deutsche Staatsbürgerschaft erhalten.

Nach der NS-Diktatur war Deutschland so *weiß* und christlich wie sonst nie in seiner Geschichte. Als Lehre aus der Geschichte verpflichtete sich die Bundesrepublik zu einer Asylpolitik, Menschen in Notsituationen Schutz und Heimat zu bieten. Davon machten zunächst wenige Gebrauch. Aber mit Arbeitsangeboten sind vor allem Arbeiter_innen aus Italien, Spanien, Griechenland, Jugoslawien und der Türkei als «Gastarbeiter» in die Bundesrepublik geholt worden. Der Begriff war Programm: Sie wurden als Gäste geduldet, solange sie gebraucht wurden. Doch viele von denen, die die Bundesrepublik eigentlich wieder verlassen sollten, blieben, gründeten Familien und eigene gesellschaftliche Strukturen. Die Bundesrepublik veränderte sich nachhaltig. In der abgeschotteten DDR gab es eine solche Entwicklung nicht; so genannte Vertragsarbeiter hatten in den 1970/80er Jahren keinen freien Status, ihr Aufenthalt war strikt befristet, sie lebten isoliert von der übrigen Bevölkerung und unter unwürdigen Umständen.

Mitte der 1960er Jahre betonte die Bonner Regierung unter Ludwig Erhard, man benötige keine ausländischen Arbeitskräfte mehr. Nach der ersten nennenswerten Wirtschaftskrise in der bundesdeutschen Geschichte (Ölkrise 1973) erneuerte die Brandt-Regierung dies. Sowohl die Regierungen Schmidt wie Kohl unterstrichen: «Deutschland soll und will kein Einwanderungsland werden». Von dieser Aussage war es nur ein denkbar kurzer Schritt zu dem nicht minder illiberalen Slogan: «Das Boot ist voll!» Der entsprechend konnotierte Spruch selbst ist in der Schweiz in Reaktion auf NS-Flüchtlinge entstanden. Ende der siebziger, Anfang der achtziger Jahre war dieser Spruch, angewandt auf die innenpolitischen Verhältnisse der Bundesrepublik, an Zynismus kaum zu überbieten. Zwischen 1975 und 1983 flüchteten auf fast immer völlig überladenen Schiffen bis zu 1,6 Millionen Vietnames_innen. Unter den Augen einer aufgewühlten Weltöffentlichkeit kamen etwa 250 000 dieser *Boat People* auf offener See ums Leben. 2011 ertranken über 1500 afrikanische Flüchtlinge im Mittelmeer.

Die Schröder-Regierung regelte ab 1999 das Staatsangehörigkeitsrecht neu und brachte erfolgreich ein Zuwanderungsgesetz mit weiteren gesetzlichen Regelungen ins Parlament ein. Nicht zuletzt im Angesicht der Tatsache, dass die Geburtenentwicklung ohne Einwanderungen in wenigen Jahrzehnten ein völlig verändertes Deutschland entstehen ließe, das die kostenintensive Sozial- und Rentenpolitik nicht mehr finanzieren könnte, wurden Einbürgerungen einfacher, doppelte Staatsangehörigkeiten unter bestimmten Umständen ebenfalls, und Aufenthaltsgenehmigungen sind in einem klareren juristischen, wenn auch nicht befriedigenden Verfahren zu erlangen. Schieflagen entstehen vor dem Hintergrund, dass diese Verfahren vor allem Personen aus EU-Ländern bzw. einem *weißen* westlichen Land (z. B. Schweiz, USA, Kanada) zugänglich sind, den anderen aber nur schwerlich. Dennoch: Die Bundesrepublik ist ein Einwanderungsland und eine Heimat für Weiße wie People of Color. Heute stellen von der Gesamtbevölkerung in Deutschland fast 20 Prozent jene Menschen, die noch selbst oder von denen mindestens ein Elternteil in einem anderen Land geboren wurden. Hinzu kommen etwa eine Million Menschen, die von den Meldeämtern nicht erfasst sind. Die Bundesrepublik belegt bei absoluten Einwanderungszahlen weltweit nach den USA und Russland den dritten Platz. Aber selbst bei relativen Zahlen, gemessen an der Gesamtbevölkerungszahl, rangieren laut einer UNO-Statistik (2005) vor Deutschland lediglich Staaten mit weitaus geringeren Gesamteinwohnerzahlen – lediglich die USA, die in der UNO-Statistik direkt vor Deutschland auf Platz 50 liegt, hat (deutlich) mehr Einwohner_innen.

Warum wird dennoch oft behauptet, Deutschland sei kein Einwanderungsland? Dass People of Color unabhängig von ihrem deutschen Pass als «Ausländer» angesehen werden, ist ein wesentlicher Grund, wie die SPD-Bundestagsabgeordnete Lale Akgün im März 2003 in einer Bundestagsdebatte betonte. In den Worten Edmund Stoibers (CSU) klingt das so: Es habe eine «ganz erhebliche Zuwanderung» gegeben, «die aber nichts mit Einwanderung zu tun hat».

Wie auch «Gastarbeiter» signalisiert «Zuwanderung» also, dass Migrant_innen additiv zur «deutschen» Gesellschaft ergänzt, jedoch nicht Teil Deutschlands werden können. Genau das ist aber im Wort

Einwanderung angelegt – weswegen diesen Begriff viele scheuen. Spätere Generationen werden sich wahrscheinlich über diese Debatten wundern, sie eventuell gar nicht mehr verstehen – das ist jedenfalls zu hoffen.

91. Wer hat einen Migrationshintergrund? Wer hat keinen, ließe sich zurückfragen.

Migration ist eine Handlung, die Menschen und ihre Gesellschaften sowie deren Wissen, Erfahrungen und Sprachen stets in Bewegung hielt und dynamisch antrieb. «Den ‹Homo migrans› gibt es, seit es den ‹Homo sapiens› gibt», schreibt Klaus Bade, «denn Wanderungen gehören zur Conditio humana wie Geburt, Fortpflanzung, Krankheit und Tod.» Das «goldene Zeitalter» einer homogenen Gesellschaft gab es nie.

Migration stellt einen Oberbegriff dar, der alle Arten von Wanderungen umfasst. Zwar ist nicht jeder Umzug eine Migration, doch jeder Ortswechsel, der über geopolitisch relevante Grenzen führt oder strukturell einen Paradigmenwechsel mit sich bringt, ist als Migration zu bezeichnen. Die prinzipiellen Unterteilungen in Aus-, Ein- und Binnenwanderung, in Emigration und Immigration, die auf den Raum, die Bewegungsrichtung und die Dauer der Migration abheben, lassen sich weiter nach Anlässen, Motiven und Zwecken differenzieren. Wirtschaftliche und beruflich-sozial motivierte Migrationen können von religiös-weltanschaulichen und politischen Fluchtgründen unterschieden werden, die etwa durch Diktatur, Rassismus und/oder geschlechtsspezifische Diskriminierung bedingt sind.

Auch bei der im Wort «Migrationshintergrund» angesprochenen Migration geht es um eine sehr spezifische Form von Migration, nämlich um eine, bei der nicht mehr die eigene oder zumindest familiär nahe Migrationserfahrung im Zentrum steht. Es geht darum, dass jemand einen migrantischen Hintergrund «im Sinne eines Familienbaums» habe, «dessen Wurzeln mitunter auch außerhalb Deutschlands liegen». In diesem Sinne hat wohl jeder Mensch in diesem Land einen Migrationshintergrund. «Man grabe nur tief genug», schreibt Deniz Utlu. Doch auch um diese Komplexität von Familiengeschichten geht es beim Migrationshintergrund letztlich gar nicht. Ein solcher wird zugesprochen, sobald eine Person, die nicht ins Mainstream-Profil des *weißen* Deutschlands gehört, in der

Ahn_innengalerie (oder besser im eigenen Körper als dessen Archiv) aufblitzt. Diese Form von Immigration verjährt erst, wenn sie sich dem im rassistischen Sehen geübten Auge nicht mehr zu erkennen gibt. Das Entscheidende ist, dass diese Menschen für viele Weiße so aussehen, als seien sie nicht in Deutschland geboren worden. Auch Namen, Religionen oder bestimmte sprachliche Akzente können einem einen Migrationshintergrund verpassen.

Es mag sein, dass jemand gar nicht mehr weiß, wo seine Vorfahren genau herkamen, im Wort Migrationshintergrund werden sie dennoch in den Vordergrund gestellt. María do Mar Castro Varela und Paul Mecheril schreiben: «Die diskursiven und kulturellen Konsequenzen der vornehmlich auf Abwehr und Kontrolle abzielenden Politik des 20. Jahrhunderts sind Bestandteil auch heute noch bedeutsamer kultureller Praxen, in denen aus der Mehrheitsgesellschaft heraus als ‹Ausländer_innen›, ‹Migrant_innen›, ‹Menschen mit Migrationshintergrund› markierte Personen als ‹Fremde› und ‹eigentlich nicht Zugehörige› konstruiert und behandelt werden.»

92. Wer war Anton Wilhelm Amo? Er war ein Philosoph und Rechtswissenschaftler. Im Alter von fünf Jahren kam er nach Deutschland. Er war, wie sein Bruder, seinen Eltern in Westafrika (im heutigen Ghana) entrissen und dann versklavt worden. Während sein Bruder nach Surinam verkauft wurde, kam Amo 1705 als «Eigentum» der Niederländischen Westindien-Kompanie nach Europa. 1707 gelangte er in den «Besitz» des Herzogs von Braunschweig und wurde kurz darauf in Wolfenbüttel getauft. Dabei erhielt er je einen Vornamen des Herzogs Anton Ulrich und seines Sohnes Wilhelm August, seinen Nachnamen Amo hatte er mitgebracht, wobei unbekannt ist, ob dieser auf seine Eltern zurückgeht.

Sich an Höfen mit Kindern zu schmücken und sie zu «Hofmohren» als Statussymbole auszubilden, war seit dem 16. Jahrhundert üblich. Selten war hingegen, dass diese Kinder nicht zu Kammerdienern gemacht wurden, sondern eine solide Ausbildung erhielten. Zar Peter I. hatte bereits zwei Jahre vor dem Herzog von Braunschweig von einem Botschafter einen Jungen namens Ibrahim Hannibal (1691–1781) «geschenkt» bekommen und ihm eine Schulbildung zuteilwerden lassen – beide Männer waren, wie Peter Martin vermutet, vermutlich von dem Wunsch getragen, herauszufinden, ob und in welchem Maße Schwarze intellektuell bildungsfähig seien. Während

Ibrahim Hannibal zum Geheimschreiber und Offizier von Peter I. avanciert, durch diesen vermittelt eine Frau aus dem Hochadel heiratet und einen Enkel bekommt, den wir als Alexander Puschkin (1799–1837) kennen, geht auch Amo einen seinerzeit ungewöhnlichen Weg in Deutschland.

Von 1717 bis 1721 besuchte er die Ritterakademie Wolfenbüttel, von 1721 bis 1727 studierte er an der Universität Helmstedt. Er war sprachbegabt und lernte zusätzlich zur deutschen Sprache Latein, Griechisch, Hebräisch, Französisch und Niederländisch. Am 9. Juni 1727 nahm er als erster und für über 220 Jahre zugleich letzter Mensch afrikanischer Herkunft das Studium der Philosophie und Rechtswissenschaft an der Universität Halle auf. Zwei Jahre später machte er mit seiner ersten Disputation auf sich aufmerksam. Sie trug den Titel *De iure Maurorum in Europa*. Aus dem Titel und dem, was überliefert ist, ist herzuleiten, dass er sich damit auseinandersetzte, wie Afrikaner_innen an europäischen Königs- und Kurfürstenhöfen gezwungen wurden, als Diener, Musiker oder in Leibgarden zu arbeiten und de facto und de jure rechtlos waren.

Aufgrund von politischen Differenzen wechselte Amo 1730 an die Universität Wittenberg, wo er im Oktober 1730 einen Magister in der Philosophie und den Freien Künsten und 1734 einen Doktortitel für seine philosophische Dissertation über *De humanae mentis apatheia* (das Leib-Seele-Problem) erhielt. 1736 kehrte er an die Universität Halle zurück, wo er 1738 einen weiteren akademischen Grad erlangte; 1739 bewirbt er sich erfolgreich an der Universität Jena. Seine Arbeit als Philosoph und Dozent fügt sich in die philosophischen Debatten seiner Zeit ein, spezifische Auseinandersetzung mit der Sklaverei spart er hier ebenso aus wie in den Gedichten, die von ihm überliefert sind. Ein Vers von Epiktet, den er einem Freund schrieb, mag Auskunft über seine Überlebensphilosophie geben: «Wer sich dem Notwendigen anpassen kann, ist weise und göttlicher Dinge sich bewusst.»

Bekannt ist, dass er nicht einfach Anton Wilhelm Amo genannt wurde, sondern stets der «M.» oder der Afrikaner. Als er offensichtlich, wie der Historiker Ulrich van der Heyden anmerkt, einer *weißen* Frau einen Heiratsantrag macht, wird er von dieser und anderen öffentlich gedemütigt und diskriminiert. Sie antwortet 1747: «Weil mich der schönste Mohr zur Liebe nicht bewegt,/ Im Mohrenlande kann dein Stern ohn Untergehen/ Dir noch vielleicht entstehen.»

Mit anderen Worten: er solle in das Land seiner Geburt zurückkehren, er und eventuelle Nachfahren seien in Deutschland unerwünscht. Amo fuhr nach Westafrika zurück. Gesicherte Angaben über seine weiteren Lebensumstände sind nicht bekannt, vermutlich starb er 1754.

Die Universität Halle, die seit 1994 den Anton-Wilhelm-Amo-Preis für ausgezeichnete Forschungsarbeiten an Studierende und Graduierte vergibt, beauftragte 1965 den Bildhauer Gerhard Geyer, eine Bronzeplastik im Gedenken an Anton Wilhelm Amo zu erstellen. Sie steht noch heute auf dem Universitätsgelände und trägt die Inschrift: «Dem Andenken Anton Wilhelm Amos aus Axim in Ghana. Dem ersten afrikanischen Studenten und Dozenten der Universitäten Halle-Wittenberg und Jena 1727–1747.» Da kein Porträt von Amo überliefert ist, hat der Künstler einen afrikanischen Mann und eine afrikanische Frau, wie er und wohl viele Weiße «sie» sehen, moduliert. Der Mann posiert mit nacktem Oberkörper und in einen Rock gekleidet neben einer (ausnahmsweise) vollständig bekleideten Frau. Wer käme beim Betrachten auf die Idee, hier werde an einen Gelehrten, einen Philosophen des 18. Jahrhunderts erinnert? Kein *weißer* Philosoph der Aufklärung würde jedenfalls je so «geehrt» werden.

93. Wer hat in Deutschland Angst vor Kopftüchern? Bei dieser Frage wissen alle gleich: Es geht hier nicht um irgendein Kopftuch. Es geht um *das* Kopftuch, *das* muslimische Kopftuch. In Deutschland haben fast alle dazu eine Meinung, vielen gilt es als Flagge des Islams, der ihnen Angst bereitet. Angst ist seit jeher ein enger Verwandter des Rassismus: der Schwarze sei ein Vergewaltiger, Jüd_innen raffgierig, Migrant_innen nähmen Arbeitsplätze weg, usw. Und der Islam? Als Europas aktueller Feind Nummer Eins gilt er der Bevölkerungsmehrheit als bedrohlich, wird pauschal als rückständig, anti-westlich und antifreiheitlich deklariert. *Die* muslimische Frau und *ihr* Kopftuch gelten als unmissverständliches Beweisstück dafür.

Tatsächlich gibt es *die* muslimische Frau ebenso wenig wie *ihr* Kopftuch. Musliminnen leben in beinahe jedem Land der Erde (vielleicht nicht im Vatikan, dort gibt es aber andere Kopftuchträgerinnen), manche von ihnen tragen Kopftücher, manche Jeans, manche Bikinis, manche Burkas. Sie mögen diese Kleidungsstücke freiwillig oder aufgrund einer staatlichen oder gesellschaftlichen Anordnung tragen; sie mögen sich so kleiden, weil sie so sozialisiert wurden und es daher für schön und angemessen halten oder aber um anderen und/oder sich zu gefallen. In jedem Fall ist es ebenso falsch, zu glauben, dass jede Muslima gezwungen wird, ein Kopftuch zu tragen, wie, dass jede Frau ohne Kopftuch fortschrittlich, westlich und freiheitlich lebe – nach dem Motto, das Mariam Popal herausarbeitete: je weniger Kopftuch desto weniger Islam und deswegen umso besser – und umso mehr gegen das Kopftuch, umso befreiter vom Patriarchat. Es ist zudem ein Trugschluss anzunehmen, dass jeder Mensch, der gegen das Kopftuch wettert, auch andernorts für die Gleichberechtigung der Geschlechter eintreten würde. Generell wird viel über Muslima und ihre Kopftücher geredet, kaum aber mit ihnen selbst. Nicht wenige Frauen tragen daher ihr Kopftuch auch aus Protest – gegen den Umgang mit ihnen und ihrer Religion in Deutschland und Europa. Wer den individuellen, politischen und religiösen Botschaften des Kopftuchs und vor allem den vielen Stimmen ihrer Trägerinnen Gehör schenkt, nimmt Freiheit beim Wort – und macht es allen Systemen schwer, Menschen mit Kleideruniformierungen, sexistischer Gesetzgebung und religiöser Intoleranz zu terrorisieren.

94. Rassistische Emma? Alice Schwarzer, Deutschlands ehemalige Vorzeigefeministin und 1977 Gründerin sowie Herausgeberin von *EMMA. Das politische Magazin von Frauen*, ist seit Anfang der 1990er Jahre ins Visier feministischer wie anti-rassistischer Kritik geraten. In der EMMA sind seit 1993 Artikel erschienen, die von verschiedenen feministischen Projekten, Gruppen und Vereinen als rassistisch charakterisiert wurden, welche deswegen zu einem Boykott der EMMA aufriefen. Alice Schwarzer erkennt darin in ihrem Kommentar «Rassistische Emma?» Ende 2001 einen «Denunzierungsversuch». Wie wenig sie die für Intellektuelle typische Selbstkritik walten lässt, zeigt allein der Umstand, dass sie 2001 auf die Kritik mit dem Nachdruck eines Artikels von 1994 antwortet. Den Argumenten, die zum Boykottaufruf führten, widmet sie ganze vier neue, vorangestellte Sätze. Die vorgetragene Kritik tut sie als «deutsche Untugend einer falsch verstandenen ‹Toleranz›» ab. ADEFRA (Afrodeutsche Frauen in Deutschland) erneuerten daraufhin den Rassismusvorwurf und betonten, sie benötigten keine *weißen* Stimmen, die ihre angeblichen Interessen vertreten, und schlossen in Anlehnung an die berühmten Worte Sojourner Truths mit: «Sind wir etwa keine Frauen?»

Alice Schwarzer weist jeden Rassismusvorwurf entschieden zurück. Stattdessen schreibt sie, die Deutschen seien «seit der Nazizeit bemüht, über dem Verdacht des Rassismus zu stehen und Fremdes demonstrativ zu tolerieren.» Fremd meint hier: Es gibt eine Leitkultur und diese ist christlich. Für Schwarzer ist klar, dass der Protestantismus ein «besonderer Nährboden zu sein scheint für geißelnde Selbstverleugnung und adorierende Fremdenliebe.» Und sie ergänzt: «Diese islamistischen Kreuzzügler sind die Faschisten des 21. Jahrhunderts – doch sie sind vermutlich gefährlicher als sie, weil längst global organisiert.» Gefährlicher als die Nationalsozialist_innen? Tatsächlich orakelt sie weiter: «Die Parallelen zu 1933 drängen sich auf. Und auch damals handelte es sich um (zunächst) reine Männerbünde ... Auch damals handelte es sich (zunächst) um eine Minderheit, die von einer gleichgültigen oder sympathisierenden Mehrheit toleriert wurden.» Sonst führen in unserem Land solche den NS relativierenden und verharmlosenden Äußerungen zu einem Aufschrei, zu «medialen Hinrichtungen» – in diesem Fall blieb es eigentümlich still. Eigentlich schon ein Gegenbeweis für Schwarzers immer wieder vorgetragene These, die deutschen Medien seien angeblich auf dem Islamauge blind – mit der von Schwarzer explizit genannten Ausnahme BILD-Zeitung.

Ihre Argumentation bewegt sich nicht zufällig auf BILD-Niveau – seit Mitte 2007 hatte sie ausgerechnet für jene Zeitung angefangen zu werben, die sie jahrzehntelang scharf kritisierte und der sie immer wieder Menschenrechts- und Frauenfeindlichkeit vorgeworfen hatte. Noch eben gegen pornographisch abgebildete Menschen vorgegangen, warb sie nun auf einmal für eine Tageszeitung, die erst 2012 auf nackte Frauenkörper verzichten konnte. Sie sah sich hier gut aufgehoben, denn dass BILD besonders religionstolerant und antirassistisch sei, könnte der Zeitung niemand unterstellen. Das Problem ihrer Argumentation ist vor allem, dass sie, trotz anderslautender Vorsätze, kaum zwischen Islamismus und Islam unterscheidet. Für sie ist jede Kopftuchträgerin Propagandistin oder Opfer des Islamismus, oder beides zugleich. Das Kopftuch sei nicht nur «ein privates Stückchen Stoff», wie sie schreibt, sondern «die politische Flagge des islamischen Kreuzzuges» bzw. «die Fahne des Feldzuges der Gotteskrieger. Am Kampf für das Kopftuch sind sie zu erkennen: die Islamisten und ihre, bestenfalls, naiven Freundinnen.» Das Argument, das Kopftuch könne auch jenseits der Religiösität ein Zeichen von

Autonomie und Widerstand von Frauen sein, bezeichnet sie als lebensfern. Sie spricht Migrantinnen so pauschal Handlungsfähigkeit ab.

Der EMMA ist jede Moschee eine Hochburg «der politischen Agitation» (1997/2001), die eine «zunehmende islamische Missionierung unter Deutschen» bewirke. Wie es in einem Vorwort von Schwarzer im Jahr 2010 heißt, sei «das wahre Problem ... die systematische Unterwanderung unseres Bildungswesens und des Rechtssystems mit dem Ziel der ‹Islamisierung› des Westens, im Klartext: die Einführung der Sharia mitten in Europa.» Wenn Schwarzer schließlich auch noch 1994 bzw. 2001 meint, dass Frauen in «Relation zum Mann ... immer eine Stufe tiefer (stehen) – unter uns sind nur noch Kinder und Tiere», dann beschwört sie nicht nur das rassistische Stereotyp, Männer of Color bedrohten *weiße* Frauen. Zugleich negiert sie wie viele andere Feminist_innen jene Macht, die *weiße* Frauen haben: Rassismus. Und das ist selbst wiederum eine Form konkreten Rassismus'.

Die postkoloniale Theoretikerin Gayatri Chakravorty Spivak hat die berühmte Formel geprägt: «white men saving brown women from brown men». Das lässt sich durchaus übertragen. Denn der *weiße* Feminismus in Deutschland und in anderen Teilen der westlichen Welt scheut sich, seine eigene rassistische Geschichte aufzuarbeiten und paternalistische Grenzüberschreitungen, für und über andere zu sprechen, aufzugeben. Neben den pseudofeministischen Argumentationen gibt es, wie Iris Mendel und Petra Neuhold 2011 schrieben, «ein kolonialistisches und rassistisches Erbe im Feminismus. Gegenwärtig sind es v. a. liberale Feministinnen, am prominentesten wohl Alice Schwarzer, die zum Schutz ‹anderer› Frauen aufrufen. Daher ist der von Spivak identifizierte Topos zu erweitern auf ‹white women saving brown women from brown men›.»

95. Wann nervt die Frage: «Wo kommst du her?»   Häufig ist es sehr naheliegend, jemanden zu fragen: Wo kommst du her? Wenn sich etwa in Lwiw zwei Leute anrempeln und reflexartig «'tschuldigung» sagen, mag so eine Frage für beide Seiten interessant sein, um herauszufinden: Eint sie, geographisch gesehen, noch mehr, als dass beide Deutsch sprechen? Wenn aber zwei Leute, die sich nicht kennen, bei der Party eines gemeinsamen Freundes nebeneinander stehen und eine Person fragt die andere: «Wo kommst du her?», dann ist diese Art des Gesprächseinstiegs nicht zwangsläufig naheliegend.

Meist leitet sich der Austausch über die jeweilige Familiengeschichte aus einem längeren Gespräch her, das auf der Übereinkunft aufbaut, jetzt von sich selbst zu erzählen oder vom anderen etwas wissen zu wollen. Überhaupt wird diese Frage eher selten gestellt, wenn einander unbekannte *weiße* Personen aufeinander treffen (es sei denn, ein Name klingt in den eigenen Ohren ungewohnt oder jemand spricht mit einem Akzent). Doch wenn eine der beiden Personen eine Person of Color ist, fällt diese Frage sehr häufig – und zwar adressiert an die Person of Color.

Die Frage nervt viele, weil dahinter kein Zufall, sondern ein ständig wiedererlebtes Prinzip steht, das sich spätestens dann zu erkennen gibt, wenn eine Antwort wie «aus Deutschland», «aus Berlin», aus «Wattenscheid» oder «ich wohne hier gleich um die Ecke» die fragende Person nicht befriedigt, sondern zu der Nachfrage veranlasst: «Ja, aber ich meine, wo kommst du denn *eigentlich* her?»

Die Frage «Wo kommst du her?» beinhaltet in diesem Kontext: Du siehst so aus, als seist du nicht aus Deutschland. Bist du schon hier geboren? Du fällst (mir) auf, weil du nicht *weiß* bist. Wo kommen denn deine Eltern her? Wie lange bleibst du?

In jenen Situationen, die für People of Color in Deutschland zum Alltag gehören, wäre die fragende *weiße* Person sicher irritiert, wenn sie zurückgefragt würde: «Und du, wo kommst du her?» Dies ist eine der fünf Lieblingsantworten des Protagonisten in Mutlu Ergüns Roman *Die geheimen Tagebücher der Kara Günlück*. Auf Platz eins steht übrigens: «aus Mama».

96. Ist es rassistisch, Schwarzen in die Haare zu fassen? Die meisten Weißen quittieren diese Frage mit einem verständnislos-irritierten Blick. Was könnte daran schon rassistisch sein? Was aber, wenn es Fremde sind, die Schwarzen in die Haare fassen oder Bekannte, die dies unerwartet oder von merkwürdigen Kommentaren begleitet tun, etwa mit der Begründung, dass das Haar doch lustig, eigenartig, komisch – eben «anders» sei? Was, wenn dies nicht manchmal, sondern häufig passiert? Was, wenn dies einhergeht mit Fragen danach, wie er oder sie das Haar wasche oder kämme? Das ist nicht einfach nur unangenehm und unangemessen, sondern hat etwas mit Rassismus zu tun. Dieser hat Haare zu einem der Träger körperlicher und rassischer Differenz gemacht. Haare von Afrikaner_innen sind sehr verschieden, gleichwohl verschmelzen all diese Versionen von

Haar im Rassismus zu einem stigmatisierten Bild von «afrikanischen Haaren». Schon antike Klimatheorien unterstellen, dass die Haare der Äthiopier_innen von der Sonne ausgetrocknet seien und dies auch für ihre Hirne gelte. Im Kontext von Sklaverei und Kolonialismus galt das Haar der versklavten Menschen den Weißen als Symbol von Unordnung und Dreck, «Primitivität» und fehlender «Zivilisation», körperlicher Unvollkommenheit und Hässlichkeit, kurz: von Unterlegenheit. Es mag kaum überraschen, dass diese *weißen* Blicke auf die Haare das Selbstwertgefühl von Schwarzen nachhaltig schädigten, Haare aber zugleich auch ein Ort des Widerstandes gegen Rassismus wurden. *Afros* und *Rastas* sind exemplarische Zeugnisse dieses Widerstandes.

In ihrem 2000 veröffentlichten Debütroman *White Teeth* (dt. *Zähne zeigen*) hat die Schwarze britische Autorin Zadie Smith dieser komplexen Haar-Geschichte ein Kapitel mit dem Titel *The Miseducation of Irie Jones* gewidmet. Irie Jones findet sich hässlich – nicht einfach, weil viele Teenager das tun, sondern weil sie einen *Afro* hat und an sich weibliche Rundungen entdeckt, die sie dem Schwarzsein zuschreibt – beides ist ihr rassialisierend ansozialisiert worden. Im Spiegel kann sie sich morgens nicht sehen. Im Englischunterricht werden an diesem Tag Shakespeares Sonette verhandelt, jene, die von einer «black mistress» erzählen. In Irie Jones keimt Hoffnung auf. Sollte in einer Schwarzen Frau doch Schönheit wohnen können? Schließlich wird die in den Sonetten besungene Frau als black bezeichnet, hat schwarze Augen, braune Brüste und Haare wie Drähte. Hat sie Rastas? Ist sie eine Schwarze? Die *weiße* Lehrerin ist entrüstet. Nein, es handele sich doch nicht um eine Schwarze Frau, sondern um eine «dark lady», die so brünett sei wie sie. Für einen Moment hatte Irie geglaubt, schön sein zu können, ein Spiegelbild von sich zu erkennen und zu England dazuzugehören. Diese Hoffnung zerplatzt und gleich nach der Schule geht sie zum Friseur, um ihren *Afro* loszuwerden und ihre Haare zu glätten. Die schmerzhafte Chemie-Prozedur kostet sie fast alle ihre Haare und die besorgte Friseurin schickt sie los, sich neue zu kaufen – und das sind die Haare einer Inderin, die ihre eigenen Haare verkauft hat, um ihren Kindern etwas zu Essen kaufen zu können. Am Ende hat Irie glatte Haare und ist glücklich. Doch eine Freundin, die *Niece-of-Shame*, ist entsetzt. Sie nennt Irie ungebildet und besteht darauf, dass ihr *Afro* cool war und schön – auch weil es ihrer war. Irie schaut in den Spiegel und erschrickt. Sieht sie nicht aus, als sei sie das Kind von Diana Ross und Engelbert Humperdinck? Sie reißt sich die falschen Haare heraus und weiß jetzt: *Black is beautiful*, das ist das, was die Sonette sagen und die *Niece-of-Shame* sie lehrte.

Dieses Kapitel erzählt: Für viele Schwarze bedarf es Mut, für sich das anzunehmen, was von der *weißen* Norm ausgeschlossen wird. Und wenn einem gesagt wird, ich möchte deine Haare anfassen, weil ich neugierig auf sie bin, dann heißt das auch: Du siehst gar nicht aus wie ich, ich aber sehe «normal» aus. Und hinter der Frage, wie wäschst bzw. kämmst du deine Haare, steckt nicht das Interesse an der Antwort «Mit Seife und Kamm, wie sonst», sondern der kolonialistische Diskurs, der Schwarzen fehlende Hygiene und einen dreckigen und kontaminierten Körper unterstellt. Deswegen dichtet die afrodeutsche Künstlerin Noah Sow in «Keine Kommentare (über meine Haare)»: «du siehst gar nicht aus wie ich / und mit wem vergleich ich dich / ich bin's müde zu versteh'n / wo du Unterschiede siehst ... wir sind millionen und überall / und du glaubst du bist normal / du bist nicht das einzig wahre / also keine kommentare über meine haare».

VIII. Rassismus – Ein Fazit

97. Kann man aus der Geschichte lernen? Die Vergangenheit können wir nicht ändern. Aber mit Hilfe der zur Geschichte geronnenen Vergangenheit können wir Gegenwart und Zukunft verändern. Geschichte lehrt uns nicht unbedingt, wie wir etwas anders oder besser machen können. Sie liefert uns aber genügend Beispiele und Anschauungsmaterial, wie wir etwas nicht machen sollten.

Könnte man nicht aus der Geschichte lernen, dann wären Bücher wie diese (und Millionen andere) überflüssig. «Wenn du regennass bist und deine Sachen trocknen möchtest, so gehe dahin zurück, wo der Regen dich anfing zu durchnässen», lautet ein igboisches Sprichwort, das der nigerianische Schriftsteller Chinua Achebe, Träger des Friedenspreises des Deutschen Buchhandels 2002, in seinem Roman *Things Fall Apart* (dt. *Das Alte zerbricht*) in die Welt getragen hat. Diese Weisheit lehrt uns, dass der kürzeste Weg in die Zukunft die Geschichte ist. Im Umgang mit Rassismus bedeutet dies, Rassismus nicht als Laune Einzelner zu begreifen, die sich historisch verirrten, sondern als Ideengeschichte, die so lange von Dauer ist, wie wir einzelne Ereignisse isoliert zu verstehen versuchen. Wenn wir Geschichte als aufeinanderfolgende und aufeinander aufbauende Ereigniskette begreifen, die Menschen nicht nur zustieß, sondern auch von Menschen gemacht wurde, können wir Wege finden, Ereignisse zu gestalten, die diese Kette unterbrechen. Deswegen können wir nicht nur, sondern müssen wir aus der Geschichte lernen.

98. Was sollte am Grundgesetz geändert werden? Der Artikel 3 des Grundgesetzes lautet: «(1) Alle Menschen sind vor dem Gesetz gleich. (2) Männer und Frauen sind gleichberechtigt. Der Staat fördert die tatsächliche Durchsetzung der Gleichberechtigung von Frauen und Männern und wirkt auf die Beseitigung bestehender Nachteile hin. (3) Niemand darf wegen seines Geschlechtes, seiner Abstammung, seiner Rasse, seiner Sprache, seiner Heimat und Herkunft, seines Glaubens, seiner religiösen oder politischen Anschauungen benachteiligt oder bevorzugt werden. Niemand darf wegen seiner Behinderung benachteiligt werden.»

Der Artikel benennt grundlegende Diskriminierungsverbote. Er bezieht dabei den Rassismus ausdrücklich ein. Allerdings unterstellt der Artikel, dass es «Rassen» tatsächlich gebe. Dazu ist in diesem Buch viel gesagt worden. Das Deutsche Institut für Menschenrechte, das 2001 durch Beschluss des Bundestages gegründet wurde und aus Bundesmitteln finanziert wird, forderte im April 2010, den Art. 3, Abs. 3 zu ändern und auf das Wort «Rasse» zu verzichten. Es merkt dazu u. a. an, dass in der Logik der Formulierung «Betroffene im Falle rassistischer Diskriminierung geltend machen (müssen), aufgrund ihrer ‹Rasse› diskriminiert worden zu sein; sie müssen sich quasi selbst einer bestimmten ‹Rasse› zuordnen und sind so gezwungen, rassistische Terminologie zu verwenden.»

Seit 1949 gab es 57 Grundgesetzänderungen. So schwerwiegend und umstritten diese auch im Einzelnen sein mögen, allein die Zahl verdeutlicht, dass solche Änderungen zur politischen und parlamentarischen Praxis gehören. Art. 3, Abs. 3 des Grundgesetzes könnte sich relativ leicht ändern lassen, wobei ich mich an den Vorschlag des Instituts für Menschenrechte anlehne, aber auf den Begriff «Abstammung» verzichte, eine geschlechtsneutrale Formulierung wähle und zugleich einen weiteren Aspekt einbaue, der längst auch parlamentarische und politische Institutionen der Bundesrepublik beschäftigt: «Kein Mensch darf rassistisch oder sexistisch, aufgrund von Herkunft, Sprache, Heimat, Sexualität, Religion oder politischer Anschauungen benachteiligt oder bevorzugt werden.»

99. Brauchen wir ein neues Antidiskriminierungsgesetz? Die EU hat ihre Mitgliedstaaten verpflichtet, Gesetze zu verabschieden, die Diskriminierungen verhindern sollen. Am 14. August 2006 verabschiedete der Bundestag das Allgemeine Gleichbehandlungsgesetz (AGG). Ziel des Gesetzes ist es, «Benachteiligungen aus Gründen der Rasse oder wegen der ethnischen Herkunft, des Geschlechts, der Religion oder Weltanschauung, einer Behinderung, des Alters oder der sexuellen Identität zu verhindern oder zu beseitigen.» Es wird einmal mehr unterstellt, es gebe «Rassen». Das Wort Rassismus findet hingegen im gesamten Gesetz nicht ein einziges Mal Erwähnung.

Dem Gesetz geht es um einen Aspekt von Diskriminierung – der Benachteiligung. Es wird zwischen mittelbarer und unmittelbarer Benachteiligung unterschieden. Eine mittelbare Benachteiligung liegt vor, «wenn dem Anschein nach neutrale Vorschriften, Kriterien oder Verfahren Personen wegen eines in § 1 genannten Grundes gegenüber anderen Personen in besonderer Weise benachteiligen können». Da es im Prinzip keine einklagbaren Kriterien dafür geben kann, dass etwas «neutral» ist, weil es immer Akteur_innen und deren Interessen gibt, fährt der Satz fort: «es sei denn, die betreffenden Vorschriften, Kriterien oder Verfahren sind durch ein rechtmäßiges Ziel sachlich gerechtfertigt und die Mittel sind zur Erreichung dieses Ziels angemessen und erforderlich.» Zwar heißt es: «Wenn im Streitfall die eine Partei Indizien beweist, die eine Benachteiligung wegen eines in § 1 genannten Grundes vermuten lassen, trägt die andere Partei die Beweislast dafür, dass kein Verstoß gegen die Bestimmungen zum Schutz vor Benachteiligung vorgelegen hat.» Aber wie man tatsächlich «Indizien» beweisen könnte, bleibt ein Rätsel. Indizien zeichnen sich gerade dadurch aus, dass sie etwas nahelegen, aber eben nicht den eigentlichen Sachverhalt beweisen. Das gilt auch für das, was im Gesetz als «unmittelbare Benachteiligung» bezeichnet wird. Diese liegt vor, «wenn eine Person wegen eines in § 1 genannten Grundes eine weniger günstige Behandlung erfährt, als eine andere Person in einer vergleichbaren Situation erfährt, erfahren hat oder erfahren würde» – als Beispiel werden Schwangerschaft und Mutterschaft angegeben. Wie Rassismus hierbei nachweisbar wäre, scheint weniger evident, weil die rassistisch diskriminierte Person ja nur nachweisen könnte, dass es sich bei einer scheiternden Einstellung oder Mietvertragsunterzeichnung um einen rassistischen Akt handelt, wenn die Person, die die Entscheidung trifft, das auch so benennt.

Eine Passage des Gesetzes definiert als Benachteiligung, belästigt zu werden aufgrund von unerwünschten Verhaltensweisen, die «bezwecken oder bewirken, dass die Würde der betreffenden Person verletzt und ein von Einschüchterungen, Anfeindungen, Erniedrigungen, Entwürdigungen oder Beleidigungen gekennzeichnetes Umfeld geschaffen wird». Im nachfolgenden Absatz wird nur das Fallbeispiel sexueller Belästigung angegeben. Ebenso fiele jedoch eine rassistische Beleidigung darunter. Allerdings werden rassistische Wörter selten als solche anerkannt.

In München gibt es eine sehr agile und aktive Antidiskriminierungsstelle für Menschen mit Migrationshintergrund: AMIGRA. Sie ist zu einer der deutschlandweit wichtigsten Anlaufpunkte geworden für Menschen, die Schutz und Informationen suchen. Die Antidiskriminierungsstelle des Bundes (ADS) arbeitet hingegen öffentlich eher unauffällig. In einer Erklärung vom 4. April 2012 betont diese aber: «Ziel des Gesetzes (AGG – S. A.) ist es, Diskriminierung aus rassistischen Gründen oder wegen ethnischer Herkunft, des Geschlechts, der Religion oder Weltanschauung, einer Behinderung, des Alters oder der sexuellen Identität zu verhindern oder zu beseitigen.» Diese Sprachregelung weist ebenso in die richtige Richtung wie ein von der ADS initiiertes Pilotprojekt zu anonymisierten Bewerbungsverfahren. Solche Pfade müssen von einem modernen Antidiskriminierungsgesetz noch aufgegriffen werden.

100. Wer sind gegenwärtig die einflussreichsten Intellektuellen?

Das weiß niemand so genau. Rankings sind umstritten, weil ihr Zustandekommen meist auf fragwürdigen Methoden basiert. Auch die 2005 und 2008 gemeinsam von den Zeitschriften *Foreign Policy* (USA) und *Prospect* (GB) veröffentlichten Listen über die 100 einflussreichsten lebenden Intellektuellen sind umstritten und fragwürdig. Anders als etwa die jährliche Aufstellung des *Time Magazine* der 100 angeblich einflussreichsten Menschen weltweit überhaupt, ist die Intellektuellen-Liste per Internet-Voting entstanden. An der Wahl 2008 nahmen über 500 000 *User* teil. Einige der Gewählten hatten ihre Anhänger_innen zur Teilnahme ermuntert, der Sieger hatte gar in der ihm sehr nahestehenden, landesweit auflagenstärksten Tageszeitung, die zudem in mehreren Sprachen erscheint und eine stark frequentierte Internetpräsenz aufweist, für sich geworben. So fragwürdig dies also alles ist, so interessant sind die Ergebnisse im Vergleich. 2005 waren unter den 30 Erstplatzierten nur drei, 2008 sogar nur zwei Frauen. Die iranische Nobelpreisträgerin Shirin Ebadi war die einzige Frau, die es auf beiden Listen in die Top 30 schaffte: 2005 auf Platz 12, drei Jahre später auf Platz 10. Unter den 30 Erstplatzierten befanden sich 2005 insgesamt 24 Persönlichkeiten aus Europa und den USA, einer aus Indien und jeweils zwei aus Peru und dem Iran. Dass schon diese grobschlächtigen regionalen Zuordnungen problematisch sind, zeigt das Beispiel Salman Rushdie, der bis zu seinem 14. Lebensjahr in Indien aufwuchs und seither in Großbritannien lebt. Aber: Der indische Nobelpreisträger Amartya Sen war die Person of Color mit dem höchsten Ranking, er kam auf Platz 8.

Drei Jahre später hatte sich das Ergebnis deutlich verändert. Unter den 30 Erstplatzierten waren nur noch 15 aus den USA oder Europa, dafür aber 12 aus nichtwestlichen Staaten und drei, die in Indien bzw. Somalia aufgewachsen und als Jugendliche oder Erwachsene in den Westen gezogen waren. Auf die ersten zehn Plätze waren nur Personen gewählt worden, die aus der Türkei, Bangladesh, Iran, Ägypten, Indien und Pakistan kommen. Ein Mann ist in der Schweiz als Sohn ägyptischer Eltern geboren worden und lebt dort auch. Alle diese zehn Personen, darunter zwei Nobelpreisträger und eine Nobelpreisträgerin, gelten als intellektuell hervorstechend, ebenso wie ihre europäischen und US-amerikanischen Kolleginnen und Kollegen. Als diese die Liste noch dominierten, fragte niemand nach deren religiösen Glauben. Das war 2008 anders. Fast keine Zeitung in Deutschland und der westlichen Welt vergaß, darauf hinzuweisen, dass die zehn Erstplatzierten einen «islamischen Hintergrund» hätten. Dass die Welt aber insgesamt vielleicht doch nicht so *weiß, christlich* und *westlich* ist, wie es im *weißen* christlichen Westen überwiegend angenommen wird, stand nicht zur Debatte. Dabei wäre es gewiss angeraten, sich stärker mit diesen Persönlichkeiten zu beschäftigen. Denn sie vertreten insgesamt eine politische, philosophische, juristische und religiöse Vielstimmigkeit, die zu den üblichen eindimensionalen Islambildern in Deutschland nicht passt.

Diese Frage lässt sich also nicht wirklich beantworten, aber sie lässt sich auch längst nicht mehr so beantworten, wie es noch vor einigen Jahren üblich war (und auch damals schon so nicht stimmte).

101. Gibt es eine Welt ohne Rassismus? Rassismus gehört zu den folgenschwersten historischen Hypotheken, mit denen sich die Welt auch im 21. Jahrhundert auseinanderzusetzen hat. Es handelt sich nicht einfach nur um ein passives Nicht-Wissen, mit dem Rassismus auf die eine oder andere Weise weggeredet wird. Vielmehr ist das Nicht-Wahrnehmen von Rassismus ein aktiver Prozess des Verleugnens, der durch das *weiße* Privileg, sich mit Rassismus nicht auseinandersetzen zu *müssen*, gleichermaßen ermöglicht wie abgesichert wird.

Rassismus ist wie alles, was der Mensch erfunden hat, vergänglich. Er wird aber nicht von alleine verschwinden. Die vermeintliche Abkürzung, nicht über Rassismus zu sprechen, führt nicht zum Ziel. Welcher Weg aber führt in eine Welt ohne Rassismus? «Dieser Weg wird kein leichter sein, dieser Weg ist steinig und schwer, nicht mit vielen wirst du dir einig sein», singt Xavier Naidoo. Sein Vater ist in Sri Lanka (damals noch Ceylon), seine Mutter in Südafrika mit arabischer Herkunft geboren. Naidoo erblickte in Mannheim das Licht der Welt und wurde römisch-katholisch getauft. Das Multitalent engagiert sich seit langem gegen Rassismus und womöglich singt er auch über jenen Weg, der zur Überwindung des Rassismus beschritten werden muss.

Dabei geht es weder um persönliches Wollen noch um eine Schuldzuweisung. Rassismus ist ein kollektives Erbe. Wer Rassismus in die Schranken weisen und aus der Welt schaffen möchte, muss zunächst lernen, was der Rassismus mit uns allen, mit der ganzen Welt und mit jedem Einzelnen angerichtet hat. In einem zweiten Schritt wird es darum gehen, feste Glaubensgrundsätze aufzugeben (auch den, schon immer antirassistisch gewesen zu sein), bereits Gelebtes selbstkritisch zu überprüfen (auch wenn es noch so gut und antirassistisch gemeint war) und Gelerntes zu verlernen (auch wenn es noch so unschuldig aussieht). In allem, was wir wissen, steckt ein Stück rassistische Wissensgeschichte. Egal, ob wir *Pippi Langstrumpf* oder die *Bibel* lesen, *Amistad* oder *Herr der Ringe* sehen, Mozart oder Hip-Hop hören, immer befinden wir uns in einer Geschichte, die uns der Rassismus erzählt. Ja, meist hat er sie uns erzählt, bevor wir verstehen konnten, was Rassismus überhaupt ist. Rassismus als Geschöpf politischer und ökonomischer Interessen hat in Kunst, Literatur und Wissenschaft aktive Fürsprecher_innen gefunden. Ob Medien, Schulbücher oder Universitäten, Apotheken, Straßennamen oder Lebensmittel, Gesetze oder politische Reden, Rassismus hat sich überall eingenistet. Dies sind aber auch die Orte, von denen aus Rassismus in Sackgassen getrieben werden kann: neue Curricula oder lernwillige Lehrer_innen, geschulte Journalist_innen oder fragende Wissenschaftler_innen, wissbegierige Poliker_innen oder Theolog_innen – es gibt keinen Ort, an dem Rassismus nicht ausgemerzt werden müsste. Eine neue politische und gesellschaftliche Agenda aber setzt voraus, dass jene gehört werden und vor allem mitgestalten können, die vom Rassismus unterdrückt sind, egal wie sie sich diesem widersetzen.

Rassismus trägt viele Gewänder. Wie ein Chamäleon passt er sich seiner Umgebung an, um zu überleben. Doch er ist nicht so genügsam wie ein Chamäleon. In Zeiten der Aggression geboren, hat Rassismus gelernt, in und durch Aggression zu überleben. Es wird für Weiße ein schmerzhafter, aber notwendiger Prozess sein, nicht (nur) Scham und Wut auf sich selbst zu empfinden, sondern Verantwortung zu übernehmen, für andere und für sich selbst. Weder Fatalismus noch Fanatismus sind dabei gute Wegbegleiter. Verantwortungsübernahme in Freiheit – das war schon immer die beste Lebenshaltung.

Literaturhinweise

Diese Liste enthält lediglich einige weiterführende Literaturhinweise. Die diesem Buch und meinen Forschungen zugrunde liegende Literatur würde als gedruckte Bibliographie selbst einen ansehnlichen Band ergeben. Das betone ich, weil nicht einmal alle zentralen Werke, die in diesem Buch verarbeitet worden sind, genannt werden können. Zudem sind oft Autor_innen genannt, die sich nur in den hier aufgeführten Sammelbänden wiederfinden lassen. Die Auswahl soll eine Bandbreite andeuten, die das Thema mit sich bringt.

Arndt, Susan; Antje Hornscheidt (Hrsg.): Afrika und die deutsche Sprache. Ein Kritisches Nachschlagewerk. Münster 2004

Arndt, Susan; Nadja Ofuatey-Alazard (Hrsg.): Wie Rassismus aus Wörtern spricht. (K)Erben des Kolonialismus im Wissensarchiv deutsche Sprache. Ein kritisches Nachschlagewerk. Münster 2011

Attia, Iman (Hrsg.): Orient- und Islambilder. Interdisziplinäre Beiträge zu Orientalismus und antimuslimischem Rassismus. Münster 2007

Bade, Klaus J.: Europa in Bewegung. Migration vom späten 18. Jahrhundert bis zur Gegenwart. München 2002

Becker, Thomas: Mann und Weib – schwarz und weiß. Die wissenschaftliche Konstruktion von Geschlecht und Rasse 1600–1950. Frankfurt/M., New York 2005

Benz, Wolfgang: Was ist Antisemitismus? München 2004

Bhabha, Homi: The Location of Culture. London, New York 1994

Cavalli-Sforza, Francesco; Luca Cavalli-Sforza: Verschieden und doch gleich. Ein Genetiker entzieht dem Rassismus die Grundlage. München 1994

Chakrabarty, Dipesh: Provincializing Europe. Postcolonial Thought and Historical Difference. Princeton 2000

Cohen, Robin: Global Diasporas: An Introduction. Seattle 1997

Cremer, Hendrik: Ein Grundgesetz ohne «Rasse». Vorschlag für eine Änderung von Artikel 3 Grundgesetz. Berlin 2010

Delacampagne, Christian: Die Geschichte des Rassismus. Düsseldorf, Zürich 2005

Detel, Wolfgang: Griechen und Barbaren. Zu den Anfängen des abendländischen Rassismus, in: Deutsche Zeitschrift für Philosophie 43.6 (1995), S. 1019–1043

Douglas, Mary: Natural Symbols. New York 1996

Dyer, Richard: White. London, New York 1997

Eggers, Maureen Maisha; Grada Kilomba, Peggy Piesche, Susan Arndt (Hrsg.): Mythen, Masken und Subjekte. Kulturwissenschaftliche Studien zur Kritischen Weißseinsforschung. Münster 2005

Frankenberg, Ruth (Hrsg.): Displacing Whiteness. Essays in Social and Cultural Criticism. London 1997

Fryer, Peter: Staying Power. The History of Black People in Britain. London, Sydney 1984

Ginzel, Günther (Hrsg.): Antisemitismus. Erscheinungsformen der Judenfeindschaft gestern und heute. Köln 1991

Guillaumin, Colette: Racism, Sexism, Power and Ideology. London 1995

Ha, Kien Nghi; Nicola Lauré al Samaria, Sheila Mysoreka (Hrsg.): re/visionen. Postkoloniale Perspektiven von People of Color auf Rassismus, Kulturpolitik und Widerstand in Deutschland. Münster 2007

Hund, Wolf D.: Rassismus. Die soziale Konstruktion natürlicher Ungleichheit. Münster 1999

Ders.: Negative Vergesellschaftung. Dimensionen der Rassismusanalyse. Münster 2006

Ders.: Christian Koller, Moshe Zimmermann (Hrsg.): Racisms Made in Germany. Münster 2011

Isaac, Benjamin: The Invention of Racism in Classical Antiquity. Princeton, Oxford 2004

Koller, Christian: Rassismus. Paderborn 2009

Loomba, Ania: Colonialism/Postcolonialism. London 1998

Dies.: Shakespeare, Race, and Colonialism. Oxford 2002

Morrison, Toni: Playing in the Dark. Whiteness and the Literary Imagination. Cambridge 1992

Mosse, George L.: Die Geschichte des Rassismus in Europa. Frankfurt/M. 1990

Nduka-Agwu, Adibeli; Antje Lann Hornscheidt (Hrsg.): Rassismus auf gut Deutsch: Ein kritisches Nachschlagewerk zu rassistischen Sprachhandlungen. Frankfurt/M. 2010

Nussbaum, Felicity: The Limits of the Human. Fictions of Anomaly, Race, and Gender in the Long Eighteenth Century. Cambridge 2003

Olson, Steve: Herkunft und Geschichte des Menschen. Was die Gene über unsere Vergangenheit verraten. Berlin 2003

Osterhammel, Jürgen: Kolonialismus. Geschichte – Formen – Folgen. 5., aktual. Aufl., München 2006

Pedersen, Klaus: Naturschutz und Profit. Menschen zwischen Vertreibung und Naturzerstörung. Münster 2008

Plumelle-Uribe, Rosa Amelia: Weisse Barbarei. Vom Kolonialrassismus zur Rassenpolitik der Nazis. Zürich 2004

Pulzer, Peter G. J.: Die Entstehung des politischen Antisemitismus in Deutschland und Österreich 1867–1914. Göttingen 2004

Seshadri-Crooks, Kalpana: Desiring Whiteness. A Lacanian Analysis of Race. London 2000

Sow, Noah: Deutschland Schwarz Weiß. Der alltägliche Rassismus. München 2008